Quando Deus abre portas

(Mensagens de autoajuda)

EDITORA EME

Solicite nosso catálogo completo, com mais de 500 títulos, onde você encontra as melhores opções do bom livro espírita: literatura infantojuvenil, contos, obras biográficas e de autoajuda, mensagens espirituais, romances palpitantes, estudos doutrinários, obras básicas de Allan Kardec, e mais os esclarecedores cursos e estudos para aplicação no centro espírita - iniciação, mediunidade, reuniões mediúnicas, oratória, desobsessão, fluidos e passes.

E caso não encontre os nossos livros na livraria de sua preferência, solicite o endereço de nosso distribuidor mais próximo de você.

Edição e distribuição

EDITORA EME

Caixa Postal 1820 - CEP 13360-000 - Capivari - SP
Telefones: (19) 3491-7000 | 3491-5449
Vivo (19) 99983-2575 | Claro (19) 99317-2800
vendas@editoraeme.com.br - www.editoraeme.com.br

Donizete Pinheiro

Quando Deus abre portas

(Mensagens de autoajuda)

Capivari-SP
– 2016 –

A Editora EME mantém o Centro Espírita "Mensagem de Esperança", colabora na manutenção da Comunidade Psicossomática Nova Consciência (clínica masculina para tratamento da dependência química), e patrocina, junto com outras empresas, a Central de Educação e Atendimento da Criança (Casa da Criança), em Capivari-SP.

2ª reimpressão - abril/2016 - Do 7.501 ao 8.400 exemplares

CAPA | Rafael S. Gatti
DIAGRAMAÇÃO | Victor Augusto Benatti
REVISÃO | Editora EME

Ficha catalográfica

Pinheiro, Donizete, 1956
Quando Deus abre portas / Donizete Pinheiro - 2ª reimp. abr. 2016 - Capivari, SP: Editora EME.
208 p.

1ª ed. mai. 2015
ISBN 978-85-66805-60-4

1. Espiritismo. 2. Provérbios e ditados populares.
3. Enfoque espírita de temas populares. 4. Crônicas.
I. TÍTULO.

CDD 133.9

Sumário

Apresentação

QUANDO DEUS FECHA UMA porta, sempre abre outra, porque é justiça e misericórdia e oferece infinitas e renovadas oportunidades para que os filhos do seu amor andem logo pelos caminhos do bem e da felicidade.

Sempre admirei esse e outros ditos populares, por expressarem em poucas palavras experiências consolidadas da vida em sociedade.

Há alguns anos resolvi refletir sobre se a *voz do povo realmente corresponde à voz de Deus*, aproveitando-me dos conhecimentos proporcionados pelo espiritismo.

Aqui estão 50 deles que me parecem ser uma realidade.

Podemos usá-los no dia a dia como uma advertência de rápido acesso, sem a necessidade de longa digressão filosófica sobre o certo e o errado.

Outros muitos existem, mas não se enquadram nesta proposta e interessam mais ao homem da Terra do que ao espírito que almeja a vida eterna.

Mas a sabedoria do passado esta aí servindo à nova geração como um roteiro prático e que pode ser muito útil se for observado.

Ao final de cada reflexão, anotei alguns versos de minha autoria sobre o assunto. Tal como o provérbio, a poesia é uma síntese fácil de memorizar.

Eu gostei de escrever e desejo que este livro seja para você, caro leitor, mais uma porta que o Pai abre para a sua alegria.

O autor

1

Quem avisa amigo é

A AMIZADE É UMA das nossas mais significativas virtudes, lídima expressão do amor. O verdadeiro amigo é capaz até mesmo de dar a sua vida pelo bem daquele a quem devota tão elevado sentimento.

Pressupõe-se que exista uma certa reciprocidade, ou seja, a amizade é uma via de mão dupla, em que as pessoas se relacionam por laços de simpatia e afeição. Se não há correspondência, o sentimento manifestado será outro, por exemplo, caridade, respeito, gratidão ou piedade.

Ah, como é bom ter amigos! Sem eles, do que valeria a vida? Os bens, o dinheiro, o poder, se são úteis para a nossa vida na Terra, não nos preenchem o vazio espiritual, não nos oferecem braços acolhedores quando choramos, não nos ouvem as lamúrias, não compartilham as nossas alegrias e nem nos ajudam a crescer interiormente.

Somos seres sociais e necessitamos permutar experiências, já que as não possuímos todas.

Um dos componentes da amizade é a sinceridade, que nos permite expressar ao amigo os nossos pensamentos e gostos. Somos individualidades, que não podem ser sufocadas ou oprimidas em qualquer tipo de relacionamento fraternal. Respeito mútuo, entendimento e diálogo franco fazem parte dele. Quem se impõe ao outro está mais preocupado em tirar egoísta vantagem da convivência, gerando insatisfação e afastamento.

Por isso, quem avisa amigo é, na voz do povo ou na voz de Deus.

Devem nos importar os caminhos pelos quais segue o nosso amigo. Suas dificuldades, seus problemas e suas atitudes infelizes não nos podem passar despercebidas.

Nossa opinião e nosso ponto de vista devem ser manifestados, para que o companheiro possa refletir sobre o acerto de seu comportamento ou decisão.

Comumente, quem vive um problema não tem equilíbrio ou tranquilidade para avaliar todas as circunstâncias e as possíveis consequências funestas de seus atos. De outro lado, pode permanecer enganado quanto ao que seja certo ou errado, bem ou mal, falso ou verdadeiro. Quando, de fora da situação, percebemos com mais clareza o que está acontecendo ou o que pode acontecer, temos não só o direito, mas o dever de abrir-lhe os olhos.

Obviamente, não se pode obrigar ninguém a pensar ou agir como nós. Mas seria omissão ver um amigo seguir para o abismo sem alertá-lo. E que não nos impeça a preocupação de perder sua amizade, pois se isso acontecer é porque não havia uma verdadeira amizade. Pior será se não o avisarmos, ele cair em desgraça e souber no futuro que nada fizemos para auxiliá-lo, embora podendo.

Por nossa vez, quando alguém nos alertar de algo incorreto que nos diz respeito, nos informar de qualquer situação danosa ou nos recriminar, não nos melindremos e não nos revoltemos, pois pode ser Deus falando-nos indiretamente, às vezes por supostos desafetos, para nos ajudar a crescer em direção do equilíbrio, da paz e da felicidade.

> Quem avisa amigo é,
> Ensina o dito popular,
> Portanto não perca o pé
> Quando alguém te alertar.
>
> Se é verdade aproveite,
> Se for mentira, esqueça,
> Porque só vale a pena guardar
> O que for bom e enalteça.

2

Quem com ferro fere, com ferro será ferido

ESSA ASSERTIVA DEVE TER origem nas palavras de Jesus, que ao ser preso pelos sacerdotes e após ter Pedro cortado a orelha do soldado Malco, disse ao discípulo que guardasse a espada, porque todos que dela lançassem mão por ela pereceriam. Mas é preciso que a compreendamos em seu verdadeiro sentido.

Deus é amor e só deseja a nossa felicidade. Proporciona-nos todos os meios necessários ao nosso crescimento em Sua direção.

Tendo nos criado como espíritos simples e ignorantes, mas dotando-nos do germe de todas as potencialidades, quis que a evolução fosse uma conquista do nosso esforço e estabeleceu a vida na crosta planetária, em corpos grosseiros, para que no enfrentamento das dificuldades próprias da Terra desenvolvamos as nossas virtudes. Assim, reencarnaremos diversas vezes, até alcançarmos a pureza espiritual.

Desde o nascimento, os pais, em regra, nos oferecem carinho, proteção, cuidados e educação. Com eles começamos a aprender sobre a necessidade de uma boa convivência, de sermos honestos, trabalhadores e cultos, ensinamentos que posteriormente são complementados pelos professores.

Nascemos aqui para aprender a fazer as coisas certas, vivenciar o bem e o amor. Contudo, porque somos espíritos ainda imaturos, ao buscarmos satisfazer as nossas próprias paixões acabamos ferindo e magoando as pessoas. Muitas vezes o fazemos sem saber; outras vezes, achamos que se nem todos podem ser felizes, que sejamos nós.

Toda ação provoca uma reação de igual intensidade. É uma lei da física. Se jogar uma bola na parede, ela voltará para você com a mesma força com que a arremessou.

Mas essa lei aplica-se igualmente aos relacionamentos humanos. Se perturbamos a harmonia social, cometendo crimes, a coletividade reage nos impondo uma sanção e a prisão, de modo a aprendermos a respeitar as regras de uma convivência saudável.

A pessoa que prejudicamos, por sua vez, pode também querer revidar a ofensa, dando início a uma vingança.

E, num outro aspecto, não poucas vezes cometemos atentados contra nós mesmos, quando, por exemplo, nos entregamos ao pessimismo, ao ciúme, ao ódio, aos excessos de variada natureza e aos vícios, face ao que o nosso corpo reage com o desequilíbrio e as doenças.

Há, assim, no Universo, um mecanismo divino que se destina a educar ou reeducar o ser humano, oferecendo-lhe primeiramente ensinamentos para que possa distinguir o bem do mal.

Quando nos desviamos da rota e erramos e ferimos, somos compelidos a repetir a lição, a reparar os danos provocados e vivenciar outras experiências que permitam o despertar da nossa consciência.

E se recusamos o processo educativo pelo amor, pela prática

do bem, somos pegos pela justiça divina e acabamos por aprender passando pela mesma experiência de dor que impusemos ao próximo, porque isso permitirá uma exata correspondência entre a nossa ação e os seus resultados.

Dessa maneira, quem explora atrairá a exploração, o que rouba poderá ser roubado, quem abandona poderá ser abandonado, o agressivo poderá encontrar a violência, e assim por diante. E se isso não for possível na presente encarnação, as consequências nos alcançarão em outras existências, porque ninguém pode se furtar à inexorável e perfeita lei de Deus.

Saibamos, porém, que esse procedimento, na Terra, pertence aos órgãos de Justiça, e no Universo, a Deus, enquanto nós, como pessoas igualmente imperfeitas, devemos guardar as nossas espadas e perdoar o ofensor, para que não sejamos nós a perpetuar o mal e indefinidamente sofrermos as suas consequências.

"Guarda tua espada, irmão,
Ante a ofensa recebida,
E não permita ao coração
À vingança dar guarida.

Oferece o perdão, a paz,
O bem como lenitivo,
O mal que a outrem se faz
É o mal em si mesmo vivo."

3

O pior cego é o que não quer ver

QUE TERRÍVEL PROVA É ser cego. Não poucos sucumbem, perdendo o ânimo pela vida ou mesmo abandonando-a pela porta de pior abismo, que é o suicídio.

Como deve ser triste deixar de ver o amanhecer de um dia lindo, com os raios do sol a se espraiarem pelo azul do céu; a beleza das flores multicoloridas nos jardins verdejantes da natureza; o sorriso das crianças alegres nos folguedos do entardecer; os contornos da face da pessoa querida e os olhos carinhosos que se cruzavam com os que agora são inertes e embaçados por inteiro; e como deve ser angustiante deixar de beber nos livros as palavras que levam a mente a viajar pelos mundos da sabedoria.

Dolorosa expiação, mas não castigo de Deus.

Muitas vezes, em outras existências, utilizamos a visão para a prática de crimes, fazendo intrigas, destacando o mal em tudo e em todos. Não raro impingimos ao próximo castigo por nossa conta, danificando-lhe os olhos.

Empolgados com as belezas e prazeres da Terra, não percebemos que tudo o que é daqui passa, se desorganiza, cedendo lugar a novas coisas. Não damos conta de que somos espírito, o ser que pensa, tem sentimentos e emoções. O corpo é só o instrumento de que nos valemos em nossa experiência terrena. E então abusamos das bênçãos que recebemos, mas de cuja responsabilidade não nos livramos.

Como o Criador não abandona a criatura, diversos mestres, mais ou menos evoluídos, se espalham pelo nosso planeta convidando-nos a ver o mundo com outros olhos. Olhos de bondade e de atenção, de respeito e justiça, de fraternidade e de caridade.

Mas, via de regra, somos cegos que não querem ver. E esse é o pior cego, na voz do povo e na voz de Deus.

Não queremos enxergar a verdade, preferindo viver no mundo de ilusões que idealizamos e criamos para nós mesmos. Sentimo-nos seguros e satisfeitos na caverna em que habitamos e temos medo e nos opomos a tudo que possa acabar com essa nossa falsa felicidade. Em contato com a realidade, não nos permitimos analisá-la e ponderar sobre o seu conteúdo. Simplesmente a negamos.

Nosso orgulho contribui para que recusemos a verdade. É que admiti-la implica em reconhecer que permanecíamos errados, humilharmo-nos àquele que nos revela o engano. E o comodismo é outro impedimento, pois aceitando fato novo teremos que modificar a nossa vida, estabelecer novos rumos e caminhar em outra direção.

Quando os olhos da carne se fecham, é Deus nos convidando a enxergar a vida com os olhos do espírito. Agora, não mais distraídos com as coisas mundanas, fazemos uma viagem solitária ao nosso interior, ampliamos os nossos sentidos e nos preparamos para descobrir o nosso eu verdadeiro, torná-lo forte e corajoso, capaz de encarar a verdade em qualquer tempo.

> "Se teus olhos não podem ver
> As belezas desta terra,
> Nem por isso deixe de crer
> Que Deus é justo e não erra.
>
> É melhor quem não enxerga,
> Com fé e resignação,
> Do que a alma que verga
> Nas trevas da perdição."

4

Quem canta seus males espanta

VIVEMOS NA TERRA MOMENTOS de grande aflição. A Humanidade toda se submete a exames para ascensão a novo estágio evolutivo. Como qualquer aluno nas provas escolares, estamos preocupados, angustiados e ansiosos.

Confundem-nos a liberdade sem limites, os novos costumes, a tecnologia altamente desenvolvida, o volume inapreciável de informações.

As facilidades do mundo moderno nos convidam a atividades incessantes. Permanecemos ocupados o tempo todo, parte no trabalho para amealhar coisas e outra parte gastando o que ganhamos na busca do conforto e dos prazeres, mas com os quais nunca estamos satisfeitos.

De outro lado, o aumento da população e o egoísmo vigente conduzem a uma escassez de empregos e recursos, gerando miséria para um número elevado de criaturas, que permanecem revoltadas.

Não obstante os avanços da ciência, doenças de outrora, que supúnhamos vencidas, retornam aqui e ali e outras novas doenças desarranjam organismos e ceifam vidas.

Mas o ser humano, como nunca antes, está com os sentimentos e emoções em desequilíbrio. Medo, insegurança, solidão, carência afetiva, egoísmo, traumas, neuroses, agressividade e outros distúrbios psicológicos levam-no aos vícios, à loucura e ao suicídio.

Para vencer tanto sofrimento, cientistas e médicos se entregam a esforços incessantes na busca dos meios curativos, conseguindo resultados substanciais, graças também aos atuais recursos tecnológicos. E psiquiatras, psicólogos e terapeutas alternativos experimentam técnicas variadas que auxiliem a criatura a manter a sua mente equilibrada e os nervos indenes.

Mas se quisermos um bom conselho para os nossos males, ouçamos a voz do povo, que também é a voz de Deus.

Cantemos, que a música fará vibrar em nós uma nova energia, renovando-nos a mente e o corpo. No banheiro ou no palco, afinado ou desafinado, não importa.

Enquanto cantamos, nossa mente se envolve com a melodia e por momentos deixamos de cultivar os pensamentos fixados nos problemas e nas dores. Isso permite o reajuste do fluxo bioenergético, incentivando o sistema imunológico e fortalecendo-o na luta contra vírus, bactérias, processos infecciosos já instalados e outros desarranjos celulares.

De preferência, escolhamos músicas alegres e de conteúdo elevado. Mas ainda que nossa opção seja outra, não tem importância. Quando a música narra um drama, uma dor, uma saudade que nos diz respeito, ao cantá-la fazemos uma espécie de catarse, como se falássemos de nós mesmos, do nosso próprio sofrimento, liberando os conteúdos emocionais negativos, às vezes chegando mesmo a chorar, o que é bom para lavar a alma. Melhorando aos poucos, em breve estaremos cantando e assoviando melodias mais alegres e otimistas. Experimente e verá os benefícios.

Mas espantaremos para sempre os nossos males quando estivermos cantando e louvando a obra de Deus. Não nos referimos aos hinos religiosos ou às preces, igualmente valiosos, mas à vivência plena de Sua Lei, que é a prática constante do bem.

No dia a dia, no lar, no trabalho, na rua, seja onde for, deixemos fluir de nós a musicalidade da alegria e do sorriso, do otimismo e da esperança, da fé e da caridade, para que o tom do AMOR permeie todos os corações.

“Canta, canta minha gente,
Que a dor não vai suportar,
Por mais que seja pungente,
A alegria de um cantar.

Mas que os versos do cantor,
Que do mal quer se curar,
Encontrem na melodia do Amor
As notas que vão lhe inspirar.”

5

Macaco velho não põe a mão em cumbuca

O PROCESSO EVOLUTIVO SE dá passo a passo, lentamente. Sem exceções ou privilégios, as almas desenvolvem suas potencialidades em diversas reencarnações, até alcançarem a plenitude.

Mas essas potencialidades não se desenvolvem simultaneamente. Ora a alma caminha num sentido, ora em outro, conforme sua vontade, necessidade e oportunidade.

Crianças superdotadas, sábios, cientistas brilhantes, artistas excepcionais e outras mentes de elevada inteligência, assim como pessoas abnegadas ao extremo, bondosas e caridosas, que renunciam a si pelo bem do próximo e da humanidade, são espíritos amadurecidos, que conquistaram virtudes em outras existências.

São próprias da infância a ignorância e a simplicidade, estado em que somos levados a cometer muitos erros. No princípio, não damos valor ao erro, que para nós é sempre motivo de aborrecimento, reclamações e lágrimas. Algumas vezes, quando falhamos, desistimos do nosso propósito e o consideramos impossível de alcançar. Outras vezes, persistimos no intento, mas a falta de reflexão provoca a repetição dos erros e isso torna o nosso esforço mais cansativo e doloroso.

Mas o erro faz parte do processo de aprendizagem. Na medida em que repetimos as experiências frustradas, aprendemos com elas, descobrimos a melhor maneira de fazer as coisas, de modo que executá-las posteriormente passa a ser fácil para nós.

Conforme o nosso amadurecimento, o erro ganha um sentido diferente para nós. Com a consciência mais desperta e cansados de sofrer, paramos para pensar nas causas determinantes do fracasso e, encontrando-as, incorporamos o conhecimento e nos propomos a eliminá-las no futuro.

Isso nos permite desenvolver alguns predicados, como a prudência, a atenção, a disciplina e a persistência. Percebemos que a causa essencial do nosso sofrimento está sempre em nós.

Muitas vezes, porém, contribuem para ele as pessoas com as quais nos relacionamos. Tão ignorantes e infelizes quanto nós, não raro nos conduzem a certas armadilhas e enganos, aproveitando-se de nossa fragilidade, da pouca inteligência ou mesmo de nossa sensibilidade emocional.

Somos, então, alvos de criminosos espertos, de "amigos" interesseiros e de apaixonados aproveitadores. Vitimados, amarguramos a perda de bens, a traição e os sentimentos feridos.

Como gatos escaldados, depois disso permanecemos atentos a outras situações que nos sugerem a possibilidade de se repetir a situação que nos levou ao sofrimento. Esse o motivo pelo qual, na voz do povo e na voz de Deus, "macaco" velho não põe a mão em cumbuca.

A velhice costuma favorecer a prudência, a cautela e a reflexão. Tantas e tantas experiências, tantos e tantos sofrimentos levam-nos a pensar melhor antes de tomarmos uma decisão ou de assumirmos algum compromisso.

Não mais a impulsividade, a euforia e a irresponsabilidade da juventude. Agora, a certeza de que é necessário nos precavermos contra o mal que nos querem fazer e contra o mal que podemos fazer a nós mesmos.

> “Seja manso como o cordeiro
> E mantenha a vigilância,
> Faça o bem ao mundo inteiro
> E do mal guarde distância.
>
> Ainda que a sombra insista
> No combate contra a luz,
> Não vencerá quem resista
> Lado a lado com Jesus.”

6

Quem ri por último ri melhor

ENTRISTECEMO-NOS, MUITAS VEZES, COM os problemas que se nos apresentam no dia a dia. E, não raro, nos revoltamos quando nos sentimos ludibriados e menosprezados por pessoas prepotentes, dominadoras, ardilosas e egoístas.

Estas enganam e se sentem felizes, mostram-se tranquilas, sorridentes, como se a dor alheia pouco lhes importasse. Como pode? – perguntamo-nos. Onde a justiça de Deus que permite que isso aconteça, que os fortes e o espertos explorem os mais ignorantes?

Demonstramos, com esses questionamentos, desconhecer a perfeição da Justiça Divina e de seus mecanismos. A compreensão humana é limitada no espaço e no tempo; o pensamento permanece voltado para a vida social, no lapso entre o nascer e o morrer; então, tudo nesse contexto se mostra relevante.

Mas a compreensão espiritual vai além, avança para a eternidade e leva em conta a preexistência e a sobrevivência da alma;

a vida é uma sucessão infinda de acontecimentos, num desencadear de causas e efeitos; e os valores da alma, porque verdadeiros, passam a preponderar sobre os prazeres mundanos, sempre fugazes.

Com os olhos postos nas coisas materiais e nesta única existência, o que importa ao ser humano é satisfazer os seus próprios anseios, proporcionar a si e aos seus conforto e segurança, ainda que para isso seja necessário sobrepor-se ao semelhante.

Para a criatura que considera a morte o fim de tudo, a felicidade deve ser alcançada a qualquer custo; para vencer e sobreviver, busca dominar. De outro lado, o que é mais fraco considera-se vítima e se submete, para não sofrer ainda mais; ou, então, se revolta e procura um meio de se fortalecer e se vingar, para, por sua vez, também impor ao ofensor o mesmo sofrimento, pensando assim ser feliz.

Nessas circunstâncias, no vai e vem da vida, num momento o que ri faz chorar, para logo depois a situação se inverter, sem que ninguém se proponha a estender a compreensão e mudar de atitude.

Desnecessário, contudo, que nos empenhemos em fazer justiça com as próprias mãos ou que revidemos as ofensas e danos. Quem hoje escarnece das dores alheias amanhã derramará lágrimas no sofrimento reparador. Se consegue fugir das leis humanas, não escapará do tribunal divino, que se estabelece nos recônditos da consciência de cada alma, convocando ao arrependimento e à inevitável reparação dos prejuízos provocados.

Quem ri por último, na voz do povo e na voz de Deus, com certeza ri melhor, mas se souber aceitar com resignação as humilhações que lhe forem infligidas, se souber perdoar o desafeto, se não guardar mágoas, ressentimentos ou ódio no coração.

Assim procedendo, estará por sua vez se liberando do fel que derramou no passado, e não é riso verdadeiro senão aquele que provém da alegria de uma consciência em paz consigo mesma e de um coração dedicado ao bem.

> Não se dedique ao mal
> E nem do bem escarneça,
> Porque é da lei natural
> Só se ter o que mereça.
>
> Quem hoje abre sorriso
> Ante a dor e a aflição,
> Mostra que ainda é preciso
> Aprender a compaixão.

7

Nem tudo o que reluz é ouro

AS COISAS MATERIAIS NOS fascinam. Ainda almas com os instintos em preponderância, precisamos das sensações mais fortes e das emoções que nos sacodem. Só ficamos saciados e felizes se pudermos ver, pegar, sentir e ouvir.

Em decorrência, nossa percepção da vida permanece na superficialidade e nas aparências, determinando o nosso proceder em todos os setores. A essência das coisas, dos acontecimentos e das pessoas passa despercebida ou merece menor consideração.

Quando vamos escolher uma profissão, o que nos importa são os rendimentos, o destaque social e a segurança que ela pode nos proporcionar, e menos a aquisição do conhecimento ou o bem que poderemos fazer ao próximo ou à coletividade.

Por consequência, não raro alguns profissionais são péssimos no que fazem e causam mal ao semelhante; se bem-sucedidos, enriquecem e não demoram a abandonar o labor para cuidar de propriedades adquiridas ou desfrutar dos prazeres mundanos.

Ao buscarmos alguém para estar ao nosso lado e compartilhar sentimentos, os predicados físicos ou as condições financeiras se sobrepõem aos valores interiores. Em breve, porque dinheiro e beleza não solucionam as questões do entendimento, do respeito e do afeto, iniciam-se os conflitos e as brigas, gerando frustração, desencanto, indiferença e separação, quando não ódios e crimes.

Diante de fatos sociais, especialmente os negativos, fiamo-nos mais em observações contraditórias, levianas ou parciais, sem nos aprofundarmos nas causas verdadeiras. Com o tempo, tornamo-nos criaturas desconfiadas, descrentes ou revoltadas, pessoas de difícil relacionamento.

Preferimos o bonito ao prático; o rápido ao seguro; o remediado ao definitivo; a ilusão à realidade.

Bem por isso, nos demoramos à frente dos programas de televisão em que a fantasia ocupa espaço dominante, oferecendo-nos apenas uma realidade maquiada, com o fim de se ganhar audiência; nos deleitamos com os mágicos que nos enganam usando os seus mais engendrados atos de ilusionismo; nos divertimos ou choramos com filmes que nada mais são do que uma bem feita montagem de truques e cenários; e endeusamos artistas e cantores, que muitas vezes na vida particular têm uma conduta desregrada.

Aqui na Terra, na voz do povo e na voz de Deus, nem tudo que brilha é ouro. É conveniente que não nos deixemos ofuscar pelas aparências das coisas mundanas, que impressionam, mas que em regra estão longe de oferecer ao homem a verdadeira luz da felicidade.

Acautelemo-nos com as facilidades que nos são oferecidas e com o brilho fugaz das posses, dos títulos e da beleza. Tais patrimônios são apenas instrumentos ou revestimentos passageiros da alma, esta, sim, a essência imortal. Destinam-se a auxiliá-la no desenvolvimento de suas potencialidades, enquanto por aqui estiver, mas que não a acompanharão depois do túmulo, quando então, sem dúvida, estará vivendo na mais pura realidade, no plano em que a luz que se vê corresponde exatamente à claridade que cada criatura carrega em seu interior.

> “Não se deixe enganar
> Pelos ouropéis mundanos,
> Que seu brilho é de ofuscar
> Os olhos dos seres humanos.
>
> Usa da bateia divina
> No garimpo da caridade,
> Que é a joia mais safirina,
> A de maior claridade.”

8

Deus escreve certo por linhas tortas

NÓS, ESPÍRITOS INFERIORES, NÃO conseguimos fazer uma ideia completa da ação de Deus. Esforçamo-nos para explicar o que nos acontece e rodeia, mas em regra apresentamos teorias e hipóteses distantes da realidade.

Ainda agora, quando a ciência avançou como nunca antes, somos quais míopes tateando aqui e ali pela estrada da vida. Podemos concluir que a Natureza é governada por determinadas leis, mas não alcançamos inteiramente os seus mecanismos e muitas outras leis escapam à nossa compreensão.

No entanto, a observação e o senso comum permitem-nos deduzir que Deus sempre escreve certo, mesmo pelas linhas tortas que nós mesmos traçamos em nossas vidas, procurando inutilmente fugir das leis perfeitas e imutáveis que Ele criou.

Admitindo-se a perfeição de Deus, como de outra forma não haveria de ser, não se pode imaginar que Ele altere as próprias leis ou que permita que sejam derrogadas ou violadas pelas Suas criaturas.

Ilusão nossa se achamos que isso seja possível. Todas as vezes que tentamos contra a Lei, é iniciado, automaticamente, um procedimento com o propósito de nos ensinar quais são as suas regras. E a regra maior de Deus é o bem, de modo que tudo que nos é oferecido e permitido tem por finalidade justamente nos encaminhar para a sabedoria e o amor, a paz e a felicidade.

Do nosso ponto de vista puramente material, com os nossos olhos embaçados e míopes, há muitas coisas tortas na Terra, tais como a miséria, a violência, as calamidades e as doenças.

Todos que aqui vivemos, mais cedo ou mais tarde, enfrentamos situações e problemas que são para nós motivo de muito sofrimento e preocupações. Não raro consideramos que é o fim de tudo, que não há solução e estamos sendo castigados por um Deus tirano e descontente com as nossas atitudes.

A nossa ignorância não nos permite ver de pronto que a aflição que nos atinge tem por fim amadurecer o espírito e muitas vezes nos colocar em situações melhores. Quando não nos revoltamos, o tempo se encarrega de nos revelar que a situação considerada prejudicial nos favoreceu de alguma forma.

A perda de um emprego nos levou a outro com mais vantagens; um atraso no embarque em aeronave evitou-nos a morte na sua queda; o desencanto afetivo ensejou o encontro de um verdadeiro amor; a doença nos despertou os valores espirituais; e o fenômeno morte colocou nossa alma no plano da imortalidade, permitindo mais altos voos em busca da felicidade.

O que consideramos mal na Terra é apenas uma ocorrência própria do nosso estágio evolutivo, compelindo-nos a crescer e a desenvolver as potencialidades divinas que carregamos em germe, para que o bem possa ser o móvel das nossas ações e para que, assim como Deus, possamos escrever certo pelas linhas do livro da vida.

> Doença, miséria e aflições,
> Nos palcos de nossa vida,
> São verdadeiras lições,
> Convites para a subida.
>
> Se a vida parece torta
> Ore e não se sinta a sós,
> Quando a dor está à porta
> Deus chega logo após.

9

De boas intenções o inferno está cheio

DURANTE MUITO TEMPO FIZEMOS uma ideia errada do que seja céu e inferno. O primeiro seria lugar de gozo eterno reservado às almas daqueles que na Terra agiram conforme a vontade de Deus. Para o segundo iriam, por todo o sempre, todas que se dedicaram ao mal, blasfemando contra o Criador.

A doutrina espírita, codificada a partir de 1857, reformulou esses conceitos, revelando-nos que céu e inferno são estados da alma; que após a morte as almas retornam ao mundo espiritual, sua verdadeira e definitiva morada, onde se agregam conforme as afinidades, aguardando uma nova reencarnação; que as almas se submetem incessantemente à lei do progresso, de modo que mesmo o mais renitente criminoso amanhã converter-se-á em espírito bom.

No plano espiritual, os espíritos despertos vivem em cidades que podemos considerar paraísos se comparadas com a Terra, mas onde o gozo não decorre do descanso em vão almejado, e sim da convivência fraternal, do trabalho proveitoso e do aprendizado sublime.

Porém, os espíritos que carregam os corações endurecidos no mal ou as consciências cheias de culpa se ajuntam em guetos tenebrosos ou regiões agrestes mantidos por suas próprias vibrações, mas de onde podem sair quando arrependidos e dispostos a viver consoante a lei do Bem.

Seja qual for o nosso conceito sobre o céu e o inferno, o fato é que muitos aqui vivem preocupados com o seu destino após a morte, excluídos, é claro, os materialistas, para os quais o túmulo é o fim de tudo, o nada.

Alguns aguardam confiantes o prêmio da felicidade eterna, porque acham que não fazem o mal a quem quer que seja, vão aos templos religiosos e louvam a Deus. Outros, conscientes das atitudes infelizes e mesmo criminosas, julgam a si mesmos destinados ao inferno, como punição pelos erros cometidos. E não poucos permanecem angustiados pela dúvida, já que não conseguem avaliar se suas ações bastam para livrá-los do suplício.

Com certeza, o que nos garantirá boa recepção e alegrias no plano espiritual é a prática incessante do bem, que consiste em fazermos ao próximo tudo que desejamos a nós próprios.

As imperfeições corrigidas e as virtudes desenvolvidas nos elevarão aos altos planos; a caridade para com os sofredores converter-se-á em paz interior; as boas obras na Terra construirão nosso abrigo seguro na espiritualidade; e os amigos conquistados com as lágrimas que secamos, a fome que saciamos e o frio que amenizamos, enfim, com as nossas boas ações, nos aguardarão fraternalmente, ofertando-nos suas companhias.

É por essa razão que, na voz do povo e na voz de Deus, somente as boas intenções não nos livram a consciência do inferno da culpa. A boa vontade e o desejo de realizar são os impulsos do bem que carregamos em nosso íntimo. No entanto, isso só não basta, pois ainda que estejamos cheios de querer, o mal continuará existindo e a dor e a miséria subsistirão.

Devemos perseverar na materialização do bem, aproveitando todas as oportunidades que a vida nos oferece, antes que sejamos chamados de volta à Espiritualidade e a ela nos apresentemos de mãos vazias, com desculpas que não serão aceitas, do tipo: Eu quis, mas... não tive tempo... não consegui dinheiro... eram muitas as dificuldades... não estava preparado...

> “Aproveite a oportunidade
> Que a vida lhe oferece,
> De fazer a caridade
> Ao pobre que lhe aparece.
>
> Quem já conhece Jesus
> Não fica só na intenção,
> Onde há sombra faz luz
> E onde há dor põe a mão.”

10

Devagar se vai ao longe

INSATISFEITOS COM A VIDA que levamos e querendo logo melhores condições, não temos paciência e nem sabedoria para aguardar as coisas acontecerem na hora certa. Encetamos a caminhada sem planejamento, imprimimos velocidade inadequada e atropelamo-nos na correria, sem alcançar o destino que almejamos.

A ambição ou a insegurança turvam-nos a visão e a razão. Com medo de não ter ou perder, entregamo-nos a uma luta incessante e desenfreada para atingir a chamada realização pessoal, social ou intelectual, esperando assim ser feliz.

Por essa razão pais colocam seus filhos cada vez mais cedo nas escolas, incentivando-os a fazerem cursos e mais cursos extras, sem atentarem que queimam fases importantes do desenvolvimento da personalidade, gerando adultos rígidos, infantis ou frustrados.

Por essa razão esfalfamo-nos no trabalho por 10 ou 12 horas diárias, aplicando os lucros em bolsas de valores, imóveis, veículos e outros bens, supondo assim garantir tranquilidade no futuro, riqueza que nem sempre usufruímos plenamente, pois no fim nos encontramos cansados pelo excesso de atividades ou com medo da ação dos criminosos prontos para subtrair dos mais ricos.

Ainda por essa razão não somos capazes de sustentar amizades ou casamentos, porquanto não temos a paciência de construir relacionamentos fraternais, respeitosos, solidários, aguardando o crescimento interior de cada qual e a estabilidade emocional. Em decorrência, estamos sempre em busca de novas companhias, abandonando as anteriores que não estavam prontas à nossa imediata satisfação.

Ansiedade, estresse, depressão, alcoolismo e drogadição são os males que abarrotam os nosocômios e consultórios médicos, consumindo fortunas e medicamentos, fruto de uma humanidade que vive apressada, querendo logo gozar os prazeres da Terra, com medo de que tudo se acabe.

No fundo, os seres humanos não confiam plenamente em Deus e desconhecem as Suas leis. Rápido estudo da natureza já nos permitirá compreender que ela não dá saltos. Tudo se desenvolve lentamente.

Foram milhares, milhões de anos até que o planeta chegasse ao estágio atual; sequoias e pinheiros levam séculos para atingir porte gigantesco; foram precisos milhares de anos até que o corpo humano adquirisse o prumo e a beleza de hoje.

E, com certeza, estamos distantes ainda do que Deus idealizou para a Terra e para nós, podendo-se imaginar para o futuro um mundo de clima estável e ameno, abrigando uma humanidade mais bonita, sábia e fraternal, portanto mais feliz.

Contudo, para se chegar até lá é preciso seguir passo a passo, sem desespero, para que o nosso crescimento seja consciente, seguro e sólido, somando experiência, garantindo-nos assim a verdadeira felicidade.

É nesse sentido que, na voz do povo ou na voz de Deus, devagar se vai ao longe.

Na pressa, nossos reflexos ficam prejudicados, nossa capacidade de raciocínio diminui, nossas energias se esgotam rapidamente, nosso sistema nervoso se destrambelha pela adrenalina em excesso e, por consequência, quase sempre erramos, sofremos e fazemos sofrer.

Não nos deixemos envolver pela azáfama que permeia essa sociedade que privilegia o poder, a glória e as coisas, em detrimento do ser espiritual que somos.

Tranquilizemos o nosso coração, estendamos a nossa confiança em Deus e, quanto possível, permitamo-nos momentos de relaxamento, de convívio com a natureza, de silêncio interior, de pensamentos elevados, assim contribuindo para a paz que todos desejamos.

> “A vida não é corrida
> Pra ter pressa de ganhar
> É caminhada infinda
> Até o amor conquistar.
>
> E o amor é como a planta
> Que se abre lentamente,
> Mas quando se agiganta
> Dá frutos pra toda gente.”

11

Mais vale um pássaro na mão do que dois voando

VIVER SIGNIFICA DESCOBRIR A essência divina que habita em nós desde o princípio. Situações, acontecimentos, problemas, dificuldades e outras experiências são os instrumentos que nos compelem a realizar essa viagem ao nosso Eu interior e verdadeiro.

Cada vivência faz desabrochar uma parcela das virtudes que possuímos em potencial. Aos poucos, vamos incorporando conhecimentos, aprimorando emoções, desenvolvendo os sentimentos e disciplinando os instintos.

Em uma das fases do nosso aprendizado achamos que a nossa felicidade está em ter com fartura. Então ajuntamos as coisas, constituímos um grande patrimônio, acumulando para nos sentirmos seguros e preparados para possíveis dificuldades.

Mas, em regra, não somos hábeis o suficiente na administração da fortuna, que acaba se perdendo em operações comerciais arriscadas, no sobe e desce da ciranda financeira, nos gastos exagerados e sem controle.

De outras vezes, desprezamos aquilo que já possuímos e ambicionamos coisas que se encontram fora do nosso alcance, cansando-nos num esforço inútil e desgastante.

Sonhamos alto, impulsionados por uma visão materialista dirigida para o poder, a glória e o destaque social, mas como os louros e aplausos da vitória são guardados apenas para um vencedor, à maioria, comumente, só resta a tristeza do esquecimento.

Por isso, na voz do povo ou na voz de Deus, é melhor um pássaro na mão do que dois voando, dito popular que se assemelha àquele outro que diz que quem tudo quer tudo perde.

A interpretação é simples. O pássaro nas mãos já é nosso, está sob o nosso domínio. Os dois voando ainda dependem do nosso esforço de busca, que pode não lograr êxito.

Por outro lado, é mais difícil cuidar de dois pássaros, sendo provável que num descuido um deles ou ambos acabem por voar fugindo de nós; se nos contentamos apenas com um, nossa atenção estará sendo dirigida exclusivamente a ele, poderemos lhe dar melhores cuidados, mantê-lo saudável e guardado sem perigo de voar.

Nas diversas facetas da vida social percebemos a aplicação desse pensamento.

Em programas de televisão envolvendo sorteios e apostas, alguns se dizem satisfeitos com os valores alcançados e deixam o concurso; outros, arriscam a "sorte" e acabam por vê-la voando de suas mãos, saindo abatidos e frustrados.

Na vida profissional, não obstante realizados e com bom salário, muitos se cansam da rotina cotidiana e se entregam a novas empreitadas, que não raro se mostram desastrosas.

E nos relacionamentos afetivos, porque a companheira não lhes preenche os anseios emocionais, alguns buscam outra simultaneamente, para depois, quando da verdade revelada, perderem ambas.

A lição diz respeito à moderação, a nos sentirmos satisfeitos com aquilo que tem sido suficiente a uma vida simples, que é a base da felicidade.

É um convite para vivermos conforme as nossas possibilidades reais, sem devaneios ou divagações, não obstante devamos nos esforçar para o crescimento e a conquista de novas oportunidades.

É um alerta para que retiremos da Natureza o que nos baste a um viver confortável e saudável e permitamos que o nosso semelhante igualmente possa desfrutar da parte que lhe toca. Se pessoas ou coletividades permanecem carentes, é porque outros estão armazenando demais, olvidando as leis de solidariedade e fraternidade.

"Guarde a simplicidade
Nos cofres do coração,
E garanta a felicidade
Dos perigos da ambição.

Trabalhe e não sonhe alto
Querendo o mundo ganhar,
Pois quem dá um grande salto
Pode em breve despencar."

12

Quem ama o feio, bonito lhe parece

A AFIRMAÇÃO DE BELEZA ou fealdade é subjetiva, quer dizer, considerar belo ou feio algo ou alguém depende do conceito pessoal de cada um, para cuja formação contribuem o gosto dos ancestrais e os costumes do meio em que se vive.

Cada povo, ao longo do tempo, construiu para si um padrão de beleza próprio, relativo à maneira de ser e de se vestir, à manifestação das artes e à construção de suas moradias.

Bem por isso, ninguém deve se considerar detentor pleno da estética e impor ao semelhante o seu ponto de vista, como sói acontecer com os vaidosos, os "donos" das artes e das modas.

Se observarmos a Natureza, veremos que não há um padrão único de beleza, mas diversidades infindas, demonstrando que Deus é criativo e oferece-nos a variedade como forma de contentar todos os gostos.

No geral, porém, há elementos comuns e determinantes da beleza, destacando-se a delicadeza dos traços, a harmonia do conjunto, a expressão de pureza e a suavidade das cores e dos sons.

Podemos dizer, então, que a verdadeira beleza seria inversamente proporcional ao estado de animalidade, ou seja, nos aproximaremos cada vez mais da beleza divina na medida em que nos distanciarmos da manifestação dos instintos grosseiros e rudes.

Aqui na Terra, um planeta ainda inferior e com habitantes de diversos níveis evolutivos, encontramos uma variedade de formas corporais, umas mais belas e outras mais grosseiras.

No entanto, nem sempre há exata correspondência entre a beleza ou a fealdade do corpo e a evolução da alma. Há almas bondosas ocupando corpos feios, ao passo que muitos corpos reconhecidamente belos são instrumentos de almas perversas.

Na voz do povo ou na voz de Deus, quem ama o feio bonito lhe parece porque o verdadeiro amor não tem por objeto o corpo, mas sim a alma, sede dos sentimentos, das emoções e da inteligência. A sintonia dos sentimentos suplanta os contornos corporais, que passam a ter uma importância relativa no relacionamento entre as pessoas.

Ninguém consegue conviver com uma bela mulher, porém má, durante muito tempo, porque a intimidade faz com que nos acostumemos com a forma, que perde o seu atrativo, e aguentar um relacionamento desrespeitoso, agressivo e traiçoeiro é impossível.

De outro lado, quando existe afinidade de almas, ainda que o corpo se degrade, como é inevitável, há beleza nas manifestações de carinho, atenção e companheirismo, sustentando para sempre a afetividade.

E quando fortes são os laços de amor, somos capazes de relevar não só defeitos do corpo, mas igualmente os da alma, sem contudo ignorá-los, permitindo-nos um esforço conjunto no aprimoramento das virtudes, para que haja efetivo crescimento em busca da felicidade.

Importante, pois, que nos purifiquemos, vivenciando cada vez mais o bem e a solidariedade, para que em breve possamos moldar na Terra corpos sublimes e belos, e uma natureza suave e colorida, de clima agradável, onde consigamos viver trabalhando e aprendendo as coisas do Senhor, em plena fraternidade.

> “A verdadeira beleza
> Não é a do corpo carnal,
> Mas está, sim, na pureza
> Do ser espiritual.
>
> O corpo degrada e perece,
> Ainda belo e sem igual,
> A alma é que nos merece
> O amor incondicional.”

13

Desculpa de aleijado é muleta

A SAÚDE PERFEITA DE nossas pernas é uma grande bênção de Deus. Com elas podemos fazer muitas coisas, praticar esportes, trabalhar, ir à escola, à igreja, à diversão, enfim, estar ali ou acolá sem a ajuda de ninguém.

Infelizmente só lhes damos real valor quando as não temos ou as perdemos em acidentes ou em razão de doenças. Sem elas ou com elas deformadas, a nossa capacidade é restrita e somos dependentes de outras pessoas ou de aparelhos que nos ajudem a realizar as tarefas.

Hoje, o avanço da ciência médica pôs à nossa disposição cadeiras de rodas e modernos aparelhos de ortopedia, como pernas mecânicas e até computadorizadas. Há não muito tempo, porém, a muleta era o recurso mais comum e disponível.

Ante a deformidade, parece que o ser humano se torna um incapaz, pobre miserável a merecer a nossa comiseração e permanente caridade.

Numa sociedade que dá destaque exagerado à beleza e perfeição do corpo, o aleijado muita vez se sente humilhado e excluído, aceitando sua pseudocondição de vítima.

Acomoda-se e recusa a adaptação às suas novas possibilidades, escondendo-se na deficiência para deixar de estudar e trabalhar, de buscar a felicidade e mostrar entusiasmo pela vida.

Não raro, torna-se um revoltado, amargurado, culpando Deus pela sua desdita, quando n'Ele acredita. Se algo procura fazer, ao errar debita a culpa ao aleijão, assim querendo fugir da responsabilidade pessoal.

A sabedoria popular, porém, reconheceu a fragilidade do argumento, não aceitando a muleta como desculpa para os erros ou a acomodação do aleijado, porquanto são inúmeros os exemplos de pessoas que nasceram ou ficaram com os sentidos prejudicados, mas nem por isso se consideraram derrotadas, adaptando-se à situação especial e passando a realizar as suas atividades em igualdade com as pessoas sadias ou até em melhores condições.

Se cabe aos aleijões físicos, o dito é mais utilizado nos casos de aleijões morais, sempre que alguém lança mão de desculpas esfarrapadas, evidentemente sem consistência e credibilidade, para justificar a omissão, o deixar de fazer alguma coisa, ou então, para explicar as faltas e os enganos cometidos.

Nesse passo, a voz do povo é a voz de Deus.

Somos todos dotados de potencialidades divinas e capazes de muito realizar. Se não possuímos ainda as virtudes que nos permitem grandes obras, podemos nos entregar aos pequenos feitos, igualmente importantes para a harmonia global.

A nossa limitação não serve de justificativa para que cruzemos os nossos braços, aguardando que Deus, o próximo ou os governantes façam aquilo que pertence a nós. Cada qual tem o dever de contribuir com seu esforço para o progresso pessoal, que tem por consequência o progresso da humanidade.

Da mesma forma, não podemos transferir para outrem ou para fatores externos a responsabilidade pelos erros que cometemos, nesta ou noutras vidas, assumindo as suas consequências com sinceridade e humildade, aprendendo com eles, para não mais errar.

Os artífices do nosso destino somos nós mesmos e colheremos sempre os frutos doces ou amargos da nossa semeadura. O espírito superior é aquele que já consegue assumir a sua responsabilidade no concerto universal, trabalhando incansavelmente para o bem de todos.

> “Muleta é frágil desculpa
> Para as quedas do aleijado,
> Difícil é assumir a culpa
> Quando se está enganado.
>
> Mas quem tem plena ciência
> Das leis que regem a vida,
> Não foge da consequência
> Dos erros a que deu guarida.”

14

Não se deve pôr o carro na frente dos bois

OS MEIOS DE COMUNICAÇÃO cada vez mais ágeis atordoam a humanidade com uma infinidade de informações e nos colocam quase que em permanente contato uns com os outros, gerando muitos conflitos e dificuldades no relacionamento.

Tudo se faz urgente e o tempo disponível é insuficiente para a realização dos compromissos profissionais ou sociais que assumimos, muita vez sem a análise das nossas possibilidades.

Em decorrência, a ansiedade nos atormenta, gerando desequilíbrio mental e emocional, impedindo-nos a organização das tarefas e a sua consecução, apesar dos conhecimentos já colocados à nossa disposição.

Não conseguimos idear, planejar, preparar, executar e aproveitar plenamente os resultados, porquanto as emoções desarmonizadas não nos permitem sustentar um pensar correto.

Nestes tempos de liberdade sexual, jovens namorados entregam-se, sem maior reflexão, à satisfação dos impulsos físicos, gerando fortes vínculos afetivos ainda não desejados ou inoportuna gravidez, levando-os a um casamento repentino e à maternidade e paternidade despreparadas, com prejuízo da ambicionada formação profissional de cada um, do lazer próprio da adolescência, e com evidentes dificuldades na educação do filho.

Quando o capitalismo egoísta alucina a população com a oferta de bens e mais bens destinados ao conforto material, parte deles supérflua, favorecendo o crediário a perder de vista, não poucos assumem dívidas muito além dos próprios recursos, deixando de pagá-las e vendo seus nomes lançados em cadastros de maus pagadores, ao passo que poderiam primeiro juntar o dinheiro para depois adquirir a coisa desejada.

Na realização de negócios, nas disputas políticas e nos empreendimentos profissionais a vaidade exacerbada e a ambição desmedida não raro antecipam a conquista ou o sucesso, sem que tivessem sido concretizadas etapas antecedentes e obrigatórias e sem a realização do trabalho devido, com inevitável humilhação para os seus protagonistas quando da não concretização dos objetivos.

É por isso que, na voz do povo e na voz de Deus, não se deve nunca pôr o carro na frente dos bois, expressão antiga, de quando ainda o meio de transporte era uma carroça puxada lentamente por animais atrelados à dianteira, mas que é de manifesta sabedoria.

A natureza nos ensina que tudo se desenvolve passo a passo, numa sucessão de atos encadeados e interligados que culminam em uma obra perfeita.

Observemos a semente, que lançada ao solo desabrocha e lentamente vai crescendo, até se converter em árvore copada e frutífera; a fonte d'água, que empós se transforma em rio caudaloso e mais à frente se incorpora em grande oceano; e os sedimentos orgânicos, que milhões de anos sob a pressão da terra é o petróleo de múltipla utilidade nos dias de hoje.

A nossa vida igualmente deve ser consequência de um desencadear natural dos acontecimentos, uma experiência se somando a outra anterior experiência devidamente incorporada, assim solidificando o nosso conhecimento e equilibrando as nossas emoções.

Enfrentemos as situações uma a uma, nos devidos momentos em que se nos apresentem; vencidas as primeiras, partamos para as seguintes, até que todas estejam resolvidas.

Observar, examinar, analisar, ponderar, decidir e agir, nessa ordem, são atitudes imprescindíveis nas questões materiais ou espirituais. Habituados a essa maneira de ser, alcançaremos calma e serenidade, aguardando, confiantes, os frutos sazonados da oportuna semeadura.

“

Meu irmão, ouça essa,
Que agora vou lhe contar:
Há gente com tanta pressa
De o prazer alcançar,
Mas que se esquece
Que a vida é um lento caminhar.

Então Deus estabelece
Uma regra a observar:
É um passo ante outro passo
Atento por onde andar,
Pra não haver erro crasso
Difícil de consertar.

”

15

Depois da tempestade vem a bonança

AS DOLOROSAS EXPERIÊNCIAS COLETIVAS que os seres humanos viveram e ainda estão vivendo têm contribuído para um pensamento pessimista e catastrófico. Espera-se um agravamento de certos problemas mundiais, como as doenças epidêmicas, a miséria, a violência e a degradação do meio ambiente.

Na cabeça de muitos, a possibilidade do fim do mundo ainda não está descartada, embora tenhamos virado o milênio sem o holocausto global anunciado por falsos profetas de ontem e de hoje.

Os dramas pessoais se diversificam e ninguém está livre deles. No campo social, o desemprego, a falta de habitação condigna, os efeitos da violência urbana e da proliferação das drogas, os preconceitos religiosos e raciais.

No campo íntimo, o medo, a insegurança, a solidão, a ansiedade, os conflitos interpessoais, as perturbações mentais.

Aos que padecem desses males tudo parece não ter fim;

um verdadeiro inferno a lhes consumir as esperanças de paz e felicidade.

Mas não devemos perder a fé em dias melhores, porque, na voz do povo e na voz de Deus, depois da tempestade vem a bonança.

Não somos um barco à deriva, prestes a entornar sob borrascas incessantes. A Inteligência Superior que nos criou estabeleceu mecanismos de sustentação e harmonização de sua obra.

Tudo acontece para nos conduzir à perfeição. Ainda que os momentos sejam difíceis, as vivências que experimentamos nesta hora são relevantes ao nosso amadurecimento espiritual. Só com o enfrentar dos obstáculos é que crescemos intelectual e moralmente. Sem esforço não há desenvolvimento, em tudo na vida.

O aluno, para alcançar a diplomação, submete-se a longos anos de extenuantes estudos e avaliações; o atleta só chega ao pódio se dedicar-se diariamente à sua especialidade, com emprego de férrea disciplina e aceitando as dores musculares pelos constantes exercícios; a riqueza honesta só se conquista por trabalho árduo e prolongado.

De outro lado, o desenvolvimento social é fruto do esforço coletivo, da vontade de se estabelecer uma vida confortável, pacífica, laboriosa e feliz, todos juntos trabalhando para contornar as adversidades do meio, desenvolver a tecnologia, proporcionar saúde, educação e alimentação.

Ultrapassadas as dificuldades naturais da luta, o resultado será sempre o júbilo pela vitória alcançada. Essa a vontade de Deus: que o crescimento seja fruto do nosso esforço, dos nossos próprios méritos.

A aceitação dessa verdade, no entanto, pressupõe que admitamos a nossa condição de espíritos imortais e que vejamos a vida além dos limites de apenas uma existência, única forma de conciliar a justiça e a misericórdia divinas com as aparentes injustiças sociais e os sofrimentos aqui desta Terra.

Os esforços e sofrimentos desta vida, suportados com fé e resignação, se não recompensados nesta hora, converter-se-ão em paz de consciência na espiritualidade ou ensejarão maior felicidade em encarnações futuras, quando então o nosso planeta, sem dúvida, se encontrará em melhores condições.

Confiemos. Todo o mal passará e só o bem permanecerá, porque, em verdade, o mal nada mais é do que a expressão da nossa ignorância, gerando o erro e atraindo as necessárias consequências, físicas e morais, para que a lição do bem se consolide em nossos corações.

“A noite foi de borrasca,
A cântaros e trovoada,
Mas o dia raiou com graça
E aos cantos da passarada.

Assim também a tempestade
Que se derrama no coração,
Pareça embora uma desgraça,
Passa e deixa importante lição.”

16

De pequenino se torce o pepino

OS DIVERSOS SETORES DA vida se complementam e uns aprendem com as experiências dos outros. Podemos e devemos estar atentos a tudo que se passa ao nosso redor, para tirarmos lições importantes e que sirvam ao nosso crescimento.

É interessante observar que as coisas simples do dia a dia permitem reflexões profundas para a alma. As complicações que ocorrem têm muito a ver com os nossos sentimentos inferiores, como orgulho, egoísmo, prepotência e ciúmes.

O serviço na lavoura nos ofereceu esta pérola popular, que igualmente representa a voz de Deus: é de pequenino que se pode torcer o pepino. O vegetal novo é de consistência mole e aceita ser moldado, torcido. Mais maduro torna-se rijo e adquire forma inflexível. Se atentarmos para o ser humano, veremos quão grande é essa verdade.

Nossas crianças são como que pequenas e tenras plantas que o Senhor nos entregou para cultivo no campo da vida. Os pais são os trabalhadores de maior responsabilidade, mas são também chamados a contribuir, os familiares, professores e amigos.

Cada criança que nasce é um espírito antigo que retorna à peregrinação terrena para a aquisição de novos valores morais e intelectuais. Se há esquecimento do passado, uma bênção de Deus para que o remorso, inimizades e outros males de vidas pretéritas não nos atormentem no presente, mantemos os traços da personalidade e guardamos as tendências interiores, que podem se manifestar logo na primeira infância.

Agressividade, atitudes egoístas, mentiras e preguiça nem sempre são apenas "coisas de criança", que passam com o tempo. Podem ser, e comumente o são, sinais evidentes das inclinações negativas da alma, precisando ser combatidas desde o princípio, enquanto a personalidade não se consolida na adolescência, tornando dificultosa qualquer tentativa de reeducação.

Daí ser imperioso que a presença paternal e maternal seja, desde o princípio, eficaz e efetiva, no equilíbrio do amor e da energia, para que as possíveis tendências inferiores sejam erradicadas, instalando-se na mente infantil hábitos novos e saudáveis, a serem fortalecidos na adolescência e fixados definitivamente na fase adulta.

Se o pepino maduro não pode ser torcido, o mesmo não se dá com o ser humano. É que, entre nós, impera a lei do progresso, à qual todos estamos submetidos. Ainda que o adulto se mostre endurecido, indiferente e cruel, não se pode perder a esperança na transformação da criatura.

Somos filhos do Amor e por mais que este permaneça sufocado ou adormecido em nós, cedo ou tarde irá despertar, nesta ou em outras encarnações, porquanto a imortalidade é nosso atributo.

Mas, então, nessa hipótese, tudo é mais difícil, e o sofrimento se faz necessário, como o cadinho aquece o mineral para livrá-lo das impurezas. Seremos então submetidos a situações conflitivas, angustiantes, entristecedoras e dolorosas, como consequência inevitável do nosso infeliz modo de ser, para refletirmos a respeito e alterarmos nossa conduta, sublimando-a.

Por isso, se não nos foi possível receber na infância a educação necessária, ou por endurecimento a recusamos, mas agora mais conscientes nos incomodamos com a nossa maneira de ser, desejando renovação, empreguemos férrea determinação, disciplina, fé e perseverança, confiantes de que o tempo nos transformará em seres humanos novos, mais assemelhados à essência amorosa de Deus.

“

Cuida dessa criança
Como vela por tua planta;
Se com esta te encanta
Aquela é tua esperança.

Dá-lhe, de pequenina,
A energia mais amorosa,
E ela se tornará formosa,
Uma alma cristalina.

”

17

O barulho não faz bem e o bem não faz barulho

OS AVANÇOS DA TECNOLOGIA trouxeram muitos benefícios, mas igualmente alguns inconvenientes ainda não superados. Dentre eles podemos destacar os excessos de ruídos, causa de estresse e doenças auditivas.

A agitação das ruas das grandes cidades provoca índices de sonoridade acima do que podemos suportar. Os jovens se jubilam frequentando danceterias com músicas alucinantes e em aniversários ou casamentos animados com bandas ao vivo é impossível se conversar.

Metalúrgicos, motoristas, condutores de máquinas pesadas, telefonistas e muitos outros profissionais se submetem anos a fio a trabalho em meio agressivo aos seus ouvidos, com direito a uma aposentadoria especial, quando não por invalidez.

Mesmo no lar estamos nas mãos de ruidosas utilidades domésticas, como o liquidificador, a batedeira, a furadeira e o aspirador de pó.

E por que nos permitimos viver assim? Talvez porque ainda não aprendemos a fazer silêncio interior. O barulho que se faz por fora é mais ou menos fruto da agitação mental e emocional que trazemos conosco mesmo.

Almas inquietas na busca do prazer são ansiosas, agitadas e barulhentas, necessitadas de atrair atenção para si mesmas. Por isso se vestem de maneira espalhafatosa, falam alto, usam veículos de motores possantes e deixam alto o volume do som.

Por outro lado, os barulhos exteriores servem para abafar os nossos conflitos íntimos, que fazem "barulho" mental e nos perturbam mais que aqueles, e os buscamos imaginando que a agitação social evitará a nossa loucura. Somos nós, portanto, que sustentamos esse clima ruidoso da vida atual.

Aqueles que já se deram conta dos malefícios dessa situação, estão buscando alterar os próprios hábitos.

Quando podem, mudam-se para as cidades do interior, onde a vida é mais sossegada e é possível dedicar mais tempo para a família.

Nas férias se dirigem para o campo, integrando-se na tranquilidade e beleza da natureza, desfrutando dos benefícios dos ares puros, rios, cachoeiras, flores, pássaros e do sol.

Outros descobrem um pouco de paz nos exercícios de meditação e relaxamento, nos retiros religiosos, na boa leitura ou na música de elevação.

Quando todos sentirem essa necessidade, haverá mais silêncio ao nosso redor e cobraremos tecnologia avançada e compatível com o nosso bem-estar interior.

E se o barulho não nos faz bem, o trocadilho do dito popular nos lembra que o bem não faz barulho. Na voz do povo ou na voz de Deus, a manifestação sincera do bem deve ser humilde e silenciosa.

A isso já se reportara Jesus, ao afirmar que a mão esquerda não deve saber o que dá a mão direita.

Quando começamos a abandonar o egoísmo e a indiferença, sentimentos de caridade despontam em nossos corações e nos sentimos impulsionados a ajudar ao próximo, principiando pela entrega de bens materiais.

Contudo, o ego ainda insuflado carece de reforço e atenção, sendo essa a razão pela qual tendemos a anunciar os nossos gestos de benevolência. Outros há, porém, que só doam como estratégia de política pessoal, pretendendo tirar alguma vantagem da falsa imagem de homens caridosos.

Quando nos conscientizamos de que a vivência do Bem é bem que fazemos a nós mesmos, porquanto nos iluminamos com a alegria e o reconforto dos carentes do corpo e da alma beneficiados com as nossas ações generosas, passamos a exercitar naturalmente a caridade, não vendo nisso nada de extraordinário e nem nos envaidecendo com uma possível divulgação do feito. Preferimos, então, o silêncio, para que Deus possa ouvir os louvores do nosso coração, grato pela bendita oportunidade de poder servir.

“

Caridade verdadeira
Não se faz anunciar,
Age no bem, sem zoeira,
Pelo prazer de ajudar.

Serve, pois, sem ostentar,
O infeliz maltrapilho,
Que tua alma terá o brilho
Daquele que sabe amar.

”

18

Quem conta um conto aumenta um ponto

NÃO FAZ MUITO QUE a escrita se popularizou. A máquina impressora só foi inventada em 1438, graças ao gênio do ourives alemão Johannes Gutenberg.

Antes, as letras eram manuscritas e somente alguns sabiam ler e escrever. Imperava a tradição oral. Fatos, histórias e ensinamentos eram transmitidos verbalmente, sempre ao sabor das emoções de cada contador.

Quando ouvimos um relato, a sua memorização depende de alguns fatores: interesse pelo assunto, compreensão intelectual e capacidade mnemônica.

Se o que está sendo falado por alguém não guarda afinidade com os nossos interesses, escutamos, mas não ouvimos; ou seja, percebemos os sons, mas não os registramos como sendo importantes.

De outro lado, podemos até ter interesse pelo assunto, mas se não o compreendermos não conseguiremos arquivá-lo de forma adequada, porquanto serão apenas palavras sem sentido.

E, ainda que haja compreensão, o registro parcial ou total do assunto dependerá da nossa memória, que é a faculdade de reter ideias, impressões ou conhecimentos adquiridos.

Porém, ao passarmos adiante alguma informação recebida acrescentamos ao nosso relato outro ingrediente, que é o sentimento. A natureza deste interfere na fidelidade da reprodução.

Como somos criaturas ainda de sentimentos pouco sublimados, nossos relatos costumam ser deturpados pelo egoísmo, inveja, ciúmes, vaidade ou ressentimentos.

Se a informação denigre pessoa que nos é antipática, acrescentamos detalhes sobre atitudes que a nossa imaginação supõe que ela seja capaz de ter, como se de fato isso tivesse acontecido.

Se nos colocamos na situação de alguma suposta vítima, exacerbamos o seu sofrimento por imaginar como sofreríamos no lugar dela.

Se nos sentimos capazes de ação assemelhada, justificamos a conduta com argumentos que usaríamos para a nossa própria defesa; se não, acabamos menosprezando a conduta, minimizando-lhe o brilho e o valor.

Se nos relatam uma catástrofe qualquer, nosso temor e pessimismo nos levam a agravar o acontecimento.

É por isso que, na voz do povo e na voz de Deus, quem conta um conto quase sempre aumenta um ponto.

No entanto, se quisermos nos adequar à lei divina, precisamos ser fiéis e verdadeiros quando convidados a narrar a outrem notícias ou informações de que somos depositários.

Quanto possível, devemos silenciar a propagação de fatos infelizes, que somente servirão para estabelecer a perturbação na mente e corações das criaturas frágeis, gerar desarmonia e criar pânico.

A palavra é instrumento dos seres humanos para o aprimoramento individual e coletivo, mas costumeiramente é usada para denegrir e humilhar, disseminar intrigas, gerar ódios e fazer guerras.

Contudo, seremos sempre responsáveis pela destruição que nossas palavras causarem ao semelhante; e se escaparmos da justiça humana, com certeza não nos furtaremos à justiça Divina.

O mal não merece a nossa atenção. Conta-se que Sócrates sempre submetia o que ouvia e falava aos três crivos: utilidade, bondade e verdade. Sabiamente, considerava seu tempo muito precioso para gastá-lo com fofocas ou inutilidades.

Quando muito, os acontecimentos nefastos podem ser por nós analisados para que deles tiremos as lições de vida necessárias ao nosso amadurecimento espiritual.

Só o bem merece guarida e semeadura, pois é o único capaz de nos fortalecer e fazer felizes. E precisamos tomar cuidado com a meia-verdade, já que toda meia-verdade é também meia-mentira; qualquer gota de veneno altera a pureza da água cristalina contida numa jarra.

Assim, na palavra de Deus, tudo o que for negativo deve ser por nós consumido pelo fogo purificador do amor, da verdade e da compreensão.

“

Não altere a verdade
Ao fazer a narração,
Pois quem fala com maldade
Espalha destruição.

Aquele que sempre aumenta
Um ponto a cada conto,
Na sua vida acrescenta
Sofrimento sem desconto.

”

19

Nem tanto ao céu nem tanto à terra

A INFINITA INTELIGÊNCIA DE Deus consegue manter a unidade na diversidade. A unidade significa harmonia para o bem; a diversidade são as variadas opções que nos são concedidas na nossa trajetória da ignorância à perfeição ou felicidade.

Nada consegue quebrar a unidade. O que entendemos por mal, destruição ou sofrimento são, em verdade, apenas etapas do processo de amadurecimento do espírito, vencidas em sucessivas vidas corporais. Todas as nossas experiências conduzem fatalmente a Deus.

No princípio, fomos impulsionados pelo instinto e a inteligência rudimentar se destinava a sustentar a vida orgânica. Toda a nossa atenção estava unicamente voltada para a sobrevivência, o prazer, a procriação e o conforto.

Avançamos na inteligência e agora alcançamos a era da eletrônica, mas para muitos o instinto ainda permanece tão forte que todos seus esforços, tempo, emoção e inteligência são empregados para conquistar a fortuna, o poder, a companhia e os prazeres.

Outros, cansados ou decepcionados com essas coisas, que não lhes puderam satisfazer, imaginam alcançar a felicidade só com as coisas do céu. Renegam as da Terra, isolam-se em um mundo que criaram para si mesmos, vivendo ali sem os bens modernos, em contato com a natureza, trabalhando a terra, meditando e dedicando a maior parte do tempo à adoração de Deus, de santos ou espíritos. Buscam na Terra a vida do Céu, sem que tenham mesmo a exata noção do que seja este.

A experiência de Buda compreendeu essa trajetória: ao deparar com os grandes problemas da vida – nascimento, velhice, doença e morte –, o príncipe indiano buscou solução na meditação, no isolamento, na automortificação, para depois, alcançando a iluminação, perceber que o caminho do meio é sempre o melhor, indo ao encontro dos semelhantes para também ensiná-los.

Na voz do povo ou na voz de Deus, a nossa conduta deve se equilibrar entre as coisas da terra e as coisas da espiritualidade. Se é verdade que a nossa essência é espiritual, estamos periodicamente vivendo na Terra para aqui adquirir inteligência e moralidade. Como decorrência, devemos utilizar corretamente os meios que Deus nos concede, para com eles conquistar virtudes.

O alimento é indispensável. Sem ele o corpo perece, mas o excesso também provoca doenças que levam ao sofrimento e à morte.

O sexo promove estímulos e permite a descendência, mas o abuso fortalece o instinto e a devassidão, com prejuízo para os sentimentos mais nobres.

O acúmulo do dinheiro gera a miséria, a fome e a mendicância humilhante, mas bem empregado converte-se no trabalho que enobrece a pessoa e lhe proporciona vida saudável.

A religião liga a criatura ao Criador, fortalecendo-a para a vitória sobre as experiências terrenas e convidando-a ao relacionamento fraternal com o próximo. Mas o fanatismo gera a intolerância, o preconceito e a separação, revelando em si mesmo a falta de Deus no coração.

Ser sábio e iluminado, portanto, é viver com os pés na Terra, mas com os olhos nos céus.

> “No Céu ou aqui na Terra
> Escolha o caminho certo,
> Faça o bem, não a guerra,
> E de Deus fique mais perto.
>
> Use, mas não abuse,
> Das coisas que tem à mão,
> Se for mal, recuse,
> E plante amor no coração.”

20

Aqui se faz aqui se paga

TODOS POSSUEM UM SENSO mínimo de justiça. Consideramos ter direitos e deveres, que devem ser respeitados e cumpridos. A violação causa prejuízos às pessoas ou à sociedade e eles devem ser reparados.

A sociedade não sobrevive com o desrespeito às suas regras. Por isso se estabelecem penas para os infratores, de modo a reeducá-los e forçá-los ao cumprimento.

As vítimas, em geral, desejam que seus ofensores sejam julgados e punidos pelos seus crimes. Reclamam justiça dos poderes públicos, ajuízam ações para a reparação dos seus danos e, não raro, são capazes até mesmo da vingança.

Melhor seria que perdoassem, liberando-se dos sentimentos negativos do ódio e do ressentimento, que lhes fazem muito mal, entregando ao Estado a preocupação com a punição.

Não à toa Jesus recomenda o perdão, porque desvincula o

agressor da vítima, devolvendo a esta a paz interior e permitindo-lhe prosseguir com a vida para novas experiências.

Muitas vezes, porém, o criminoso consegue se safar da punição, porque não foi identificado, ou não se conseguiu provar a sua culpa, ou, ainda, porque fugiu da condenação.

Mas, se reconhecemos a imperfeição da justiça terrena, não podemos imaginar que alguém não responda por seus erros perante a Justiça de Deus, que é perfeita e inexorável.

Todos somos chamados à responsabilidade, a nos reajustarmos com a harmonia universal, à composição dos danos causados. E, na voz do povo ou na voz de Deus, os enganos deste mundo aqui devem ser corrigidos, nesta ou em reencarnações futuras.

Condenados por um crime, amargamos na penitenciária o isolamento social, para refletirmos sobre a agressividade ou a ambição que ainda carregamos.

Indiferentes, intolerantes ou rudes com o semelhante, somos excluídos da família ou da convivência, para percebermos a necessidade da solidariedade, da fraternidade e da gentileza.

E quem aqui não sofrer as consequências do que fez, prepare-se para a inevitável colheita mais além. A morte não é o fim e o espírito, imortal que é, encontrará no futuro "o choro e o ranger de dentes", porque na vida espiritual não se esconde e não se finge, ali iniciando o infrator a expiação de suas faltas.

Porém, como a reparação deve ser completa, retorna o espírito à Terra, agora ocupando um novo corpo, e aqui poderá sofrer as consequências do ato ilícito cometido nas reencarnações anteriores.

É por isso que, perante a Justiça Divina, não há vítimas. Ninguém sofre injustamente, sem necessidade ou merecimento.

Quitar-se perante a Lei, de todos os débitos, é condição indispensável para a remissão divina. E ninguém alcançará plenitude enquanto não purificar a sua "túnica nupcial", com a qual ingressará no reino da felicidade.

> Aqui ou no além
> A justiça será feita,
> Até dívida de um vintém
> Há que ser satisfeita.
>
> Aonde vai o devedor,
> Que somente fez fiado,
> Segue atrás o cobrador
> Para que seja quitado.

21

Em boca fechada não entra mosquito

A BOCA É O instrumento dado por Deus para que possamos nos alimentar, beijar e falar, assim conservando a vida. Pelo falar podemos expressar os sentimentos e desejos, contestar e recusar, informar e educar.

Desde que aprendemos a falar, este tem sido o meio mais prático de interação entre as pessoas, secundado pela palavra impressa, utilizada em livros, jornais, revistas e internet.

Apesar disso, ainda não falamos adequada e corretamente. Quando não somos medíocres ou chulos, somos pedantes e prolixos; quando não somos maledicentes, somos ásperos e críticos; quando não somos mudos, somos tagarelas.

Falar apropriadamente compreende a expressão pela linguagem oficial, a boa dicção, a entonação e o volume, mas também a conveniência, a oportunidade e a bondade.

Saber quando falar e se devemos falar é uma arte. Mais que isso, é sinal de sabedoria, de experiência. A respeito, disse Platão: "O sábio fala porque tem alguma coisa a dizer; o tolo porque tem que dizer alguma coisa."

E na nossa tolice queremos dar palpite em tudo, especialmente na vida dos outros, quase sempre sem conhecê-la adequadamente. Descompromissados, falamos o que nos vem à cabeça, sem muita preocupação com as possíveis consequências.

E o problema está justamente aí. Nossas palavras possuem uma força que desconhecemos. Assim como podemos falar incentivando e alegrando, podemos também magoar e ferir.

Somos até capazes de refrear o que pensamos, mas a palavra solta ao vento não mais está sob o nosso domínio e seremos responsabilizados pelos prejuízos que causar ao nosso semelhante e a nós próprios.

Por isso, na voz do povo ou na voz de Deus, somente quando abrimos a boca imprudentemente é que permitimos que o mosquito perturbador entre na nossa vida.

Esse mosquito é o revide, a revolta ou a vingança daqueles que foram atingidos, ou simplesmente as consequências legais ou morais das palavras indevidas.

O mosquito na boca é sempre uma experiência ruim. Não é alimento, e seu gosto e a impressão que deixa entre os nossos dentes e na língua não é nada agradável. É algo que não desejamos, mas ao qual estamos sujeitos quando indevidamente escancaramos a nossa boca.

Não permitamos que a nossa boca seja maledicente, mentindo sobre a vida alheia ou criticando sem necessidade. Não permitamos que as nossas palavras estejam carregadas de raiva ou de inveja, pois podemos ofender sem querer.

Falemos com clareza e objetividade, para que o ouvinte nos compreenda o pensamento. Falemos com simplicidade e bondade, para não humilharmos aqueles que nos ouvem. Falemos com dignidade, para que as palavras chulas e indecorosas não firam os ouvidos do próximo.

O verbo há que ser sempre construtor da vida, levando conhecimento e alegria para todos.

> "Na boca bem fechada
> Não entra mosquito;
> Uma ofensa calada
> É um bem inaudito.
>
> A palavra é nobre
> E o silêncio é virtude;
> Melhor verbo pobre
> Ao que mente e aturde."

22

Uma andorinha só não faz verão

O VERÃO É MARCADO pelo sol aberto, o tempo quente e pela revoada de pássaros a se divertirem no céu ou à procura de alimento. De vez em quando, assentam-se aqui ou acolá, nos fios da rede elétrica ou nas árvores. Sua presença revela a natureza em vida, que é sempre plural e abundante.

Um pássaro a voar sozinho sugere abandono, solidão, fraqueza. Isolado, é um bom alvo para os predadores, embora tudo tenha a sua razão de ser. É a lei da sobrevivência, que garante a perpetuação da espécie e o equilíbrio no reino animal.

O ser humano não é capaz de viver sozinho e de satisfazer todas as suas necessidades materiais, intelectuais ou emocionais. Desde criança precisa de alguém para se alimentar, vestir e proteger.

Amar e ser amado, compartilhar as energias sexuais ou simplesmente ter alguém ao lado para conversar e trocar ideias são imprescindíveis para o equilíbrio da pessoa.

A aquisição do conhecimento igualmente depende de professores, cientistas e outros pesquisadores que se debruçaram sobre experiências e registraram seus resultados.

O progresso social, portanto, é fruto do esforço coletivo acumulado durante os milênios. Se todo o aprendizado se perdesse, ainda estaríamos na idade média, morando em prédios rústicos, sem saneamento básico, conforto e tecnologia.

Daí que, na voz do povo ou na voz de Deus, uma andorinha só não faz verão.

Considerar-se autossuficiente revela a forte presença do orgulho em nós, o qual não nos permite enxergar o muito que somos beneficiados pela ação coletiva, contrapondo-se ao pouco que devolvemos.

Rápida e sincera reflexão nos fará concluir que temos oferecido quase nada, ao passo que a natureza e a humanidade têm sido pródigas em favores.

Quanto bem temos distribuído, sem pensar em receber algo em troca? Quais eventos promovemos em favor da sociedade, para que esta se torne melhor? Qual a nossa contribuição intelectual para as ciências humanas?

Mais conscientes dessa realidade, precisamos juntar as mãos no esforço do bem coletivo. Pensar mais no todo no que na individualidade. Manter a convivência social, trabalhando pela harmonia e pela paz, cedendo tanto quanto nos for possível, ampliando a nossa compreensão e a capacidade de perdoar.

Tão importante é o trabalho coletivo que o próprio Criador não quis fazer tudo pronto e perfeito, como poderia. Resolveu permitir-nos ser cocriadores da sua obra. Deu o impulso inicial, estabeleceu leis e parâmetros, mas concedeu-nos a inteligência e a liberdade de trabalhar os elementos materiais e construir uma sociedade cada vez melhor.

Juntos, unidos, seremos capazes de vencer o mal e estabelecer na Terra um reino de felicidade.

"Se uma andorinha
Nunca faz o verão,
A alma sozinha
Sofre do coração.

A humanidade unida,
Nas forças que tem,
Jamais será vencida
Se o faz para o bem."

23

Diga-me com quem andas e te direi quem és

SOMOS INDIVIDUALIDADES, COM pensamentos, vontades, capacidades, sentimentos e atitudes pessoais que nos diferenciam uns dos outros. Essas qualidades nos tornam seres únicos e especiais.

Não obstante a diversidade específica, em variados aspectos nos assemelhamos a muitas pessoas e a afinidade nos aproxima, ensejando os grupos sociais. Assim, encontramos os grupos dos apaixonados por determinado tipo de esporte, por literatura, música, cinema, ciência, religião, sexo, etc.

A proximidade dos afins muitas vezes estabelece um estereótipo, evidenciado por comportamentos típicos que identificam o grupo, especialmente na maneira de se vestir, falar, andar e agir.

Esse padrão de comportamento se dá como uma forma de autoafirmação. Sozinha, a pessoa não conseguiria expressar a sua intimidade, por insegurança ou timidez. Ao se agrupar, sente-se incluída e amparada pelos iguais, encontrando coragem para extravasar o seu modo de ser.

Em grupo, potencializamos nossas tendências e somos capazes de promover grandes realizações. Infelizmente, porém, também nos tornamos mais atrevidos, desrespeitosos e destrutivos.

Podemos nos ligar, eventualmente, a determinados grupos, por uma contingência dos fatos. Mas, quase sempre, a eles nos juntamos por vontade própria, porque nossos interesses e desejos coincidem.

Por isso, na voz do povo ou na voz de Deus, as pessoas com quem você anda revelam um pouco ou muito daquilo que você mesmo é, seu caráter, seus gostos, suas preferências, e até mesmo indicam seus objetivos de vida.

Podemos nos agrupar para conhecer e, mais raro, tentar ajudar. Mas dificilmente permaneceremos por muito tempo num grupo de pessoas que se antipatizam com a nossa maneira de pensar e de ser. Se nele permanecemos é porque temos pontos em comum.

Nos grupos de hedonistas, interesseiros e orgulhosos, os mais fortes dominam e submetem os mais fracos, que se sentem, ao mesmo tempo, dominados e protegidos. É uma espécie de relação marcada pelo temor e pela ambição, com a qual os indivíduos almejam a realização pessoal, ainda que na esteira de um líder dominante.

A introjeção, esse mecanismo psicológico pelo qual absorvemos as qualidades de outrem ou do grupo, revela a imaturidade do espírito e dificulta o seu progresso, uma vez que o caminhar se faz sobre valores externos, quando deveria se dar a partir do que realmente somos.

Sejamos nós mesmos, para que possamos ser claramente percebidos e identificados por nossas próprias qualidades, sobressaindo na multidão. Contudo, em grupo, escolhamos para nossa companhia almas nobres e bondosas, sábias e operosas, com elas aprendendo a ser melhores.

> Cuidado com a companhia,
> Veja os amigos que tem,
> Com quem andas todo dia
> Mostra quem és também.
>
> Melhor é viver sozinho,
> Caminhar como se queira,
> Para não ser igualzinho
> A quem gosta de sujeira.

24

É difícil agradar a gregos e troianos

HÁ PESSOAS QUE NÃO desejam agradar a ninguém. Estão preocupadas consigo próprias, em satisfazer as suas necessidades e prazeres. Para isso, são até capazes de prejudicar o semelhante.

Não raro encontramos aquelas que agradam com segundas intenções. São interesseiras e sempre desejam gratidão, recompensa ou contraprestação pelas suas aparentes gentilezas.

Muitas procuram ser agradáveis somente com os familiares e amigos, aqueles de sua estima, cobrindo-lhes de atenção, favores e presentes. Compreensível, pois dá muito prazer ver a alegria estampada naqueles que amamos.

Mas algumas pessoas já adquiriram nobres virtudes e são afáveis e prestativas mesmo com estranhos, respeitando tudo e todos. Essas são almas maduras, conscientes e despertas, e que já são capazes de viver o amor com naturalidade.

Uma coisa é certa, porém: na voz do povo ou na voz de Deus, que ninguém espere agradar igualmente a todas as pessoas.

O Universo é marcado pela diversidade, o que o torna mais interessante. Tudo é diferente, para agradar a cada um conforme seus gostos. Essa é uma capacidade inerente ao Criador, inteligência suprema e misericórdia infinita.

Mas seria muita arrogância querer se igualar a Ele.

Entre nós, o que é bom para um nem sempre é bom para o outro. O que nos parece bonito, para o outro pode ser feio, e vice-versa. Estamos em graus diferentes de evolução e pensamos, falamos, sentimos e agimos conforme o nosso estágio mental e moral.

Temos o direito de ser como somos, desde que, é claro, o nosso modo de ser não extrapole os limites da lei e da civilidade do meio em que vivemos. A autenticidade faz bem para nós e para as relações com o próximo, que então se dará em bases verdadeiras.

Expressemos os nossos pensamentos com sinceridade, mas com respeito e sem ofensas pessoais, permitindo ao outro que faça o mesmo. Também podemos concordar ou discordar, mas que as divergências não sejam motivo de guerra, pois o pensamento é o campo livre de cada um.

Sempre encontraremos algumas pessoas que nos amam, que nos admiram, que reconhecem os nossos valores e até mesmo que nos imitam. São os nossos fãs, incentivadores da nossa jornada.

Contudo, ainda que não desejemos, poderemos despertar a inveja e o ciúme naqueles que são incapazes de realizar o que já conseguimos e que não nos aceitam a diferença.

E quando, por dever, agimos com autoridade e justiça, os por nós disciplinados nos têm na conta de inimigos. Importante, todavia, é que não sejamos inimigos de ninguém.

Adquirindo segurança e autenticidade, sigamos adiante respeitando as diferenças e sendo tolerantes com aqueles que não nos compreendem e aceitam, na certeza de que assim estaremos em paz e agradando a Deus.

> “Em vão se tenta agradar
> Uns e outros igualmente,
> Deus não nos fez em par,
> Mas com alma diferente.
>
> Respeitar a desigualdade,
> Tolerando o nosso irmão,
> Demonstra que a bondade
> Já tem morada no coração.”

25

Quem vê cara, não vê coração

O MUNDO ESPIRITUAL É o mundo da realidade, onde expressamos o que de fato somos e nossos pensamentos podem ser conhecidos por aqueles que nos são superiores ou nos comungam a faixa vibratória.

É assim porque, nesse plano de vida, faz-se necessário enfrentarmos a nós mesmos, para uma revisão do passado e reprogramação para um futuro melhor, o que só se pode dar em bases verdadeiras.

O mundo material é o mundo das formas, das aparências. Aqui a carne esconde a essência do espírito e podemos controlar a exteriorização do pensamento. Trata-se de um mecanismo da vida para facilitar as relações pessoais e o aprimoramento das almas.

No atual estágio de amor em que se situa a Humanidade terrena seria impossível se conviver se conhecêssemos a essência do pensamento de cada um e se todos falassem o que pensam. Não temos sublimada a capacidade de tolerar, compreender e perdoar os enganos alheios.

Bem por isso, quando olhamos geralmente só vemos as aparências. Somos atraídos pela beleza corporal, pelas joias que ornamentam, pelas roupas de grife, pelas propriedades suntuosas, pela manifestação da autoridade ou do poder.

E, quando nosso foco é só o exterior, não perscrutamos o íntimo da pessoa, para avaliar suas qualidades e seus defeitos. Por consequência, muitas vezes nos decepcionamos quando o outro não corresponde às nossas expectativas, revelando um modo de ser que não nos agrada.

Na voz do povo ou na voz de Deus, quem vê só a cara colhe os frutos amargos de sua visão míope e materialista. Não pode acusar ninguém pelas suas frustrações e sofrimentos.

É certo que a aparência nos impressiona de alguma forma e é bom ver a beleza. Mas não somos o corpo carnal e todas as coisas da Terra ficam para trás com a desencarnação.

Por essa razão, nosso foco principal deve se dirigir ao coração, quer dizer, às virtudes do espírito, porquanto são elas que verdadeiramente indicam o estágio moral da criatura, acompanhando-a mesmo quando da decrepitude física.

Mas essa percepção da essência, da intimidade, só se dá com clareza quando convivemos com a pessoa e juntos enfrentamos situações nas quais nos revelamos como somos. Relações rápidas e superficiais não nos permitem uma avaliação aprofundada e certa, daí porque facilmente nos enganamos quanto ao caráter do outro.

Aliás, isso muitas vezes se aplica a nós mesmos, quando igualmente temos uma convivência mais próxima apenas com o "espelho", no qual reparamos a própria estética e cultivamos o corpo e o louvamos como a um santo no altar.

Também se faz necessário ter uma visão para o nosso interior, para descobrirmos como realmente somos em espírito, quais os nossos desejos, tendências, inclinações, imperfeições e virtudes, enfim, qual o nosso caráter.

Pois somente quando conhecermos a própria intimidade será possível aprofundarmos uma visão transcendental em relação aos que nos rodeiam, identificando-lhes os valores e melhorando as relações interpessoais, o que é indispensável à paz social e à nossa felicidade.

“Quem vê cara ou aparência,
Sem buscar o coração,
Não encontra a essência,
Mas triste decepção.

Porque a nossa realidade
Esconde-se no interior
Onde está de verdade
O defeito ou o amor.”

26

Quem não arrisca não petisca

VIVER É ESTAR EM permanente risco. Tudo que se faça tem probabilidade de dar certo ou errado, porquanto ainda somos espíritos imperfeitos. Errar, fracassar, enganar-se faz parte do processo de aprendizado. Alcançar a perfeição exige, inevitavelmente, submeter-se a experiências.

Quando crianças, idosos ou doentes, estamos acomodadamente na condição de recebedores. Adultos e sadios, porém, compete-nos ganhar o pão com o suor do próprio rosto, pois o trabalho desenvolve a inteligência e a interação social qualifica nossas emoções.

Para tanto, é imperioso nos arriscarmos na ação, na realização de obras, aqui compreendidas como qualquer atividade para o bem pessoal ou coletivo, sejam sociais, materiais, intelectuais, físicas, emocionais ou sentimentais.

E, na voz do povo ou na voz de Deus, somente quem se propõe a fazer alguma coisa colherá os resultados que almeja para a sua vida.

Jesus nos ensinava a respeito ao afiançar: "Pedi e se vos dará; buscai e achareis; batei à porta e se vos abrirá; porque todo aquele que pede recebe, quem procura acha, e se abrirá àquele que bater à porta" (Mateus, 7:7-11).

Deus não é um Deus de favores e dá sempre a cada um segundo os seus méritos, os seus esforços, pois são estes que conduzirão o espírito à sabedoria e ao amor, qualidades indispensáveis à felicidade permanente.

Na correta interpretação do texto, os céus só atenderão aos nossos pedidos se nos empenharmos na boa luta, buscando os propósitos superiores e batendo à porta das oportunidades.

Comentando a respeito, Allan Kardec assentou oportunamente: "Se Deus houvesse isentado o homem do trabalho do corpo, seus membros estariam atrofiados; se houvesse isentado do trabalho da inteligência, seu espírito teria permanecido na infância, no estado de instinto animal; por isso, lhe fez do trabalho uma necessidade e lhe disse: Procura e acharás, trabalha e produzirás; dessa maneira, serás o filho das tuas obras, delas terás o mérito e serás recompensado segundo o que tiveres feito" (*O Evangelho segundo o Espiritismo*, cap. XXV, item 3).

Arriscar-se, contudo, não é entregar-se a um empreendimento imprudentemente. É animar-se e arrojar-se ao progresso, para o que é preciso ter a coragem de buscar alternativas para uma situação que pode ser estável e confortável, mas já não estimula e não produz alegria. Requer reflexão, análise e estratégia segura, para que os esforços possam conduzir ao efetivo sucesso.

Se a humanidade avança é porque pessoas visionárias e operosas se arriscam e investem seu tempo, seu patrimônio, sua saúde e, muitas vezes, a própria vida para alterar para melhor o estado das coisas.

Mas se houver perda, será sempre momentânea. Quando se

opera para o bem, cada erro incorpora experiência para a realização. Os prejuízos são compensados pelos lucros futuros. E as honras da campanha bem-sucedida acompanham o espírito onde estiver, haja vista a sua imortalidade. Colhem-se, então, os frutos sazonados de paz e de felicidade.

"Quem na vida se acomoda,
Contente com o que já tem,
Não avança e se incomoda
Com o progresso que vem.

Mas quem se arrisca no bem,
Trabalhando com destemor,
Segue feliz muito além,
Conquistando paz e amor."

27

Águas passadas não movem moinho

O PROCESSO EVOLUTIVO DO espírito é contínuo, numa sucessão de experiências que acabarão por levá-lo ao aperfeiçoamento. Cada engano se revela aprendizado do certo e cada vitória é estímulo para se prosseguir na caminhada.

Nessa jornada infinita, que se dá em períodos sucessivos vividos num corpo físico ou fora dele, o passado é apenas um conjunto de fatos que já não mais existem e o futuro uma expectativa a se concretizar ou não.

O presente, pois, é a realidade. Nossa felicidade depende exatamente do que estamos fazendo agora. Somos hoje o resultado de todas as nossas experiências transatas, às quais acrescentamos ações boas ou más, preparando-nos um futuro de alegrias ou tristezas.

Muitos estão sonhando com realizações distantes ou impossíveis, deixando de fazer os esforços necessários para alcançar o factível, esquecidos de que toda obra depende do trabalho.

Outros, porém, são escravos do ontem, aprisionados a lembranças infelizes ou gloriosas. Sofrem ou se deleitam, mas tão apenas pela recordação de fatos que só permanecem em suas memórias.

No entanto, na voz do povo ou na voz de Deus, as águas levadas pela correnteza do tempo não movem os moinhos geradores da felicidade presente ou futura.

Todos os nossos esforços devem estar concentrados nas mínimas ações do momento presente, para fazê-las corretamente, pois o sucesso na realização é que nos proporcionará uma vida melhor.

"A cada dia basta o seu mal", disse Jesus (Mateus 6:34). Quer dizer: as atribulações e os problemas do dia a dia já são suficientes para nos ocupar o tempo, e a isso não devemos somar preocupações descabidas, fantasias ou ilusões.

A mente, deslocada do hoje para lembranças do pretérito infeliz, se sobrecarrega de emoções perturbadoras. Mágoas, ressentimentos ou culpas são lixos poluindo os pensamentos, impedindo o fluxo harmonioso das energias corporais e provocando doenças.

Essas funestas recordações também contribuem para a perpetuação dos conflitos interpessoais, impedindo novas tentativas de um relacionamento pacífico, porquanto trazem à tona a raiva ou o medo da renovação do sofrimento.

Por isso, é importante resolvermos logo as pendências emocionais, lançando mão da compreensão, que nos permite entender que os obstáculos, os enganos e as dores contribuem para o amadurecimento; tolerando e sendo indulgente com o próximo, porquanto igualmente somos falíveis e precisamos de reciprocidade; e perdoando, porque quem concede o perdão se liberta da raiva, sempre corrosivo da alma.

Muitas vezes não somos capazes de nos libertar sozinhos, sendo então conveniente buscarmos terapeutas que nos ajudem o entendimento; ou mesmo a religião, que nos ligando a Deus convida à valorização do amor e da paz interior.

"Esqueça o passado triste
Que perturba a emoção,
Porquanto ele só existe
No íntimo do teu coração.

Viva fazendo o bem,
No hoje que é a realidade,
Que o amanhã logo vem
Trazendo a felicidade."

28

De médico e de louco todo mundo tem um pouco

TODOS QUE VIVEMOS NESTE mundo ainda inferior somos espíritos doentes, uns mais outros menos. Nada de constrangedor ou vexatório, mas uma situação comum e natural própria do estágio espiritual em que nos encontramos.

Já tendo o espírito caminhado um bom trecho da estrada, em múltiplas reencarnações, os erros cometidos lhe acarretam perturbação emocional e desarmonia psicológica, com repercussões inevitáveis no corpo físico, na forma de doenças e outras disfunções.

Mas, de outro lado, incorporamos experiências e conhecimentos que nos possibilitaram desenvolver as virtudes e a inteligência, de modo que somos hoje mais civilizados que nossos antepassados das cavernas.

Por isso, na voz do povo ou na voz de Deus, de médico e de louco todos nós temos um pouco. E a consciência dessa realidade tem implicações individuais e coletivas importantes.

O médico representa o que é saudável, tem conhecimento, recursos e respeito. O louco é o doente, o ignorante, aquele que precisa ser socorrido e amparado. Por orgulho, muitos dos que estão na condição de médicos se consideram deuses e poderosos, com a capacidade de decidir sobre a vida alheia. E, por ignorância ou por preguiça, muitos doentes aceitam permanecer sempre por baixo e dependentes.

Mas ninguém é totalmente saudável e ninguém é totalmente doente. Há em nós essa dualidade: sombra e luz, paz e guerra, saúde e doença, que se alternam e se manifestam conforme as circunstâncias e as ocorrências da vida.

Às vezes expressamos sabedoria sobre certas coisas e somos bondosos para com algumas pessoas. Mas, em dado momento, especialmente quando contrariados, somos extremamente ignorantes e raivosos, revelando aquilo que de pior ainda guardamos.

Porém, a lei de progresso convida ao aperfeiçoamento e um dia seremos capazes de resistir ao mal e de fazer apenas o bem. Por ora, tudo é indefinido e passageiro, razão pela qual não devemos nos vangloriar ou aproveitar de uma posição terrena melhor, para satisfazermos os nossos interesses tripudiando sobre a dor alheia. E nem nos acomodarmos numa situação de vítima, porque Deus nos quer corajosos e perseverantes no caminho da perfeição.

Alcançando a condição de um ser saudável e integrado com Deus, usaremos nossos recursos pessoais para auxiliar os que permanecem enlouquecidos, não só pensando que um dia igualmente precisaremos ser ajudados, mas porque sabemos que isso é da lei do amor.

E quando doentes, humildemente aceitaremos o amparo, não nos acomodando na dor e buscando a cura e o crescimento, porque assim poderemos ser realmente felizes e igualmente contribuir para o bem do próximo.

Finalmente, seremos sábios se aproveitarmos o médico que somos para eliminarmos as próprias doenças, uma vez que para a autocura efetiva é indispensável empregarmos os potenciais anímicos da vontade e da fé.

> “Sou sábio e ignorante,
> Sou saudável e sou doente,
> Sou pequeno e importante,
> Sou bom e inclemente.
>
> Sou espírito em evolução,
> Sou átomo e serei deus,
> Sou instinto, mas serei perfeição,
> Porque sou filho de Deus.”

29

O que não tem remédio, remediado está

DOENÇAS, CONFLITOS, PROBLEMAS E outros contratempos da vida são em geral considerados como obstáculos à felicidade, porque essas ocorrências perturbam a nossa paz interior, nos fazem sofrer e atrapalham a rotina diária.

Diante disso, é comum e natural buscarmos logo a solução para o que nos tira o sossego e procuramos nos valer de pessoas e de recursos que nos pareçam adequados e suficientes.

Há uma tendência para as soluções mais fáceis e rápidas, mesmo que não se apresentem como as mais acertadas. A angústia e a ansiedade são tamanhas que a nossa visão da realidade se turva e não vislumbramos a melhor decisão. Então, ainda que consigamos de imediato uma saída, ela se converte em atalho que nos conduzirá a lugares mais sombrios, complicando a situação e provocando maior sofrimento.

Outras vezes, por mais que nos esforcemos, não conseguimos resolver o problema e a dor se agrava e se prolonga no tempo, parecendo que fomos condenados ao suplício eterno.

Comum o desânimo e a depressão ou a revolta e o crime, quando não a fuga para os vícios e o suicídio, revelando a nossa incapacidade de superar os obstáculos que se apresentaram.

No entanto, na voz do povo ou na voz de Deus, o que não tem remédio, remediado está.

Quer dizer, quando o problema parece não ter solução, é que ainda precisamos algo aprender com as experiências que ele nos proporciona. O problema, em si mesmo, é o remédio para os males da alma. Assim ocorre, por exemplo, com a doença incurável, a morte de entes queridos, a falência financeira, o casamento desfeito, etc.

Mas tudo passa e tudo se resolve. Nem sempre como desejamos, mas como é bom e necessário para nós, porque Deus é amor e justiça.

Problemas não são castigos, mas vivências pelas quais o espírito se ilumina e cresce em sabedoria e virtude. São oportunidades divinas, lições que só no futuro saberemos reconhecer o valor.

Espíritos em evolução na roda das reencarnações, aprendemos e nos desenvolvemos sob as regras da lei de causa e efeito, errando, sofrendo, reparando e repetindo, até que o bem seja a nossa prática constante.

Se apesar dos nossos esforços o panorama externo não se modifica, com certeza podemos mudar a nossa visão sobre ele e alterarmos os nossos sentimentos e emoções, albergando-nos na fé ativa, no trabalho para o bem, na paciência e na esperança.

A melhoria da postura interna indica o aprendizado da alma e nos coloca na condição favorável de atrair o socorro dos céus, que costuma se apresentar para nós pelas mãos de companheiros de jornada.

E, então, devemos estar vigilantes e atentos para percebermos os sinais divinos apontando a saída de retorno à estrada segura e pavimentada do caminho para a felicidade.

> A dor ou a aflição,
> Causando teu sofrimento,
> Por mais sofra o coração
> Será só por um momento.
>
> Quando tarda a solução,
> Parecendo não existir,
> Guarda a resignação
> E ao bem procura servir.

30

Cada cabeça uma sentença

É INEVITÁVEL OBSERVARMOS OS fatos da vida e não fazermos um julgamento sobre a conduta das pessoas, porque tudo o que nos rodeia nos interessa direta ou indiretamente, para o bem ou para o mal.

De outro lado, o Estado mantém um quadro de juízes profissionais para solucionar conflitos sociais e interpessoais de maior ou menor relevância, de modo a resguardar a ordem e a paz na sociedade.

No entanto, nem sempre existe unanimidade de opinião. Sobre o mesmo fato, juízes e cidadãos divergem no todo ou em parte, a favor ou contra, gerando perplexidade e não raro outros conflitos.

O espiritismo nos ajuda a compreender essa incoerência do ser humano. Somos, em verdade, espíritos criados por Deus em momentos diferentes e evoluímos ao longo de inumeráveis reencarnações.

Portanto, não possuímos com igualdade os atributos da inteligência e da virtude. Ao julgarmos um fato ou alguém, o fazemos com a nossa capacidade de compreensão e com as nossas emoções.

É por essa razão que, na voz do povo ou na voz de Deus, cada cabeça dá uma sentença própria, particular. Essa ocorrência é ainda natural numa sociedade imperfeita como a nossa e só será minimizada ou excluída quando alcançarmos relevante progresso.

A vida em comum dos diferentes é providência divina para que nos ajudemos uns aos outros na evolução individual e coletiva. Só superamos os problemas e crescemos se contarmos com a colaboração mútua, pois não detemos todo o conhecimento.

Precisamos, então, de mecanismos para contornar as dificuldades e assim vivermos numa sociedade cada vez mais justa e boa, na qual todos sejam tratados com igualdade.

Indispensável aprimorarmos o saber das ciências e das leis humanas, para que a sua exata compreensão permita julgamentos sempre justos e equânimes. E a justiça está baseada no respeito ao direito individual, que entre nós é estabelecido pelos códigos legais, razão pela qual é preciso conhecê-los.

Possíveis enganos poderão ser superados pelos julgamentos coletivos, nos quais prevalece a opinião da maioria, enquanto os demais aceitam e se submetem com humildade, em nome da paz.

Mas devemos ter como norma geral a lei divina, muito bem apresentada à Humanidade por Jesus Cristo e que consiste no amor ao próximo como a si mesmo, ou seja, em se fazer ao próximo o que queremos que nos seja feito.

Quem julga com amor, embora reconhecendo a presença do mal e o combatendo, olhará o próximo com tolerância e compreensão, auxiliando-o a reerguer-se e a não mais errar.

E, acima de tudo, julgará a si mesmo com mais severidade, procurando domar suas más inclinações e não incorrer nos mesmos enganos que observa e critica no outro, sendo assim exemplo de uma boa alma.

> Cada alma, uma cabeça,
> Um coração, um saber,
> Seja lá o que aconteça
> Há julgamento a fazer.
>
> Mas quem já traz o amor
> Julga com compaixão,
> Vê o mal sem temor
> E compreende o irmão.

31

O hábito não faz o monge

DESDE HÁ MUITO A roupa que se veste tem sido referencial de classe ou poder. Costumes peculiares podem indicar um povo; uniformes reportam a militares ou funcionários de empresas; togas lembram magistrados; batinas identificam religiosos; roupas caras de grife sugerem riqueza e andrajos demonstram pobreza.

Com certa frequência, porém, o exterior não corresponde por dentro exatamente aos valores da classe cuja roupa faz presumir pertencer quem a usa. E isso muitas vezes é motivo de surpresa ou de indignação, pois frustra a expectativa de quem se ilude confiando apenas nas aparências.

Muitas pessoas optam por uma determinada profissão pelo destaque social e retorno financeiro que proporcionam. Outras porque pensam que a atividade corresponde aos seus anseios íntimos.

Mas, na voz do povo ou na voz de Deus, o simples fato de se

vestir o hábito não qualifica o monge e nem qualquer outro profissional de uma ou outra ocupação social.

Quem se entrega a determinada atividade deve ter certa inclinação e se dedicar a ela com alegria e ardor, sendo feliz e realizando-se na medida em que presta serviços ao próximo.

Esse pendor é indispensável para que sejam superadas todas as dificuldades inerentes a qualquer atividade, que pede esforço no aprendizado teórico e prático, paciência, dedicação, disciplina e perseverança.

Sem amor ao que se faz não se consegue alcançar qualidades que caracterizam a classe e que a devem honrar pelo serviço social, sem a preponderância do poder ou do lucro que eventualmente possam garantir.

Uniformes, insígnias e distintivos representam valores nos quais as pessoas se acostumaram a confiar, para solução de seus problemas e proteção nas dores ou aflições pessoais.

Assim é que militares e policiais significam proteção contra a violência; os juízes são a garantia de direitos; os professores, a oportunidade de uma educação libertadora; os religiosos, o apoio, a consolação e a fé para as angústias da alma; o médico, o recurso para as dores físicas e as doenças.

O descompasso entre o que se é e o que se deveria ser constitui frustração para todos. Para uns, porque não se realizam e não são felizes no que fazem; para os outros, porque não encontram naqueles, os recursos que esperavam conseguir.

O ideal é que cada um se entregue ao labor conforme as suas inclinações. Mas, se não se pode fazer o que se gosta, que pelo menos se aprenda a gostar daquilo que se faz, fazendo bem feito o que tem de ser feito como dever e pelo dever de fazer o melhor.

Quando estamos numa situação da qual não podemos sair, isso

significa que a vida quer que aprendamos alguma coisa a mais, necessária e importante ao nosso amadurecimento espiritual.

Quando entendermos isso, seremos dignos do hábito que vestirmos.

"O hábito não faz o monge
E a roupa é só aparência,
O que mais vale, de longe,
É o bem na sua essência.

Então, seja sempre capaz
De honrar sua profissão,
Quem põe amor no que faz
Alcança paz no coração."

32

Quando um não quer dois não brigam

GUERRAS E CONFLITOS COLETIVOS ou discussões e brigas individuais fazem parte da história humana. A preponderância do instinto e a ausência de regras sociais fizeram imperar durante muito tempo a lei do mais forte.

O poder das armas e do dinheiro ainda se faz presente, embora arrefecido por causa dos avanços morais já alcançados e do progresso da civilização. Organismos mundiais procuram intermediar as querelas entre os países, e a democracia garante ao cidadão o acesso a um poder judiciário para resolver qualquer impasse legal com o próximo.

Essas brigas quase sempre são inspiradas pelo egoísmo, que tudo quer para si e a nada renuncia, e pelo orgulho, que não dá o braço a torcer e nem admite ficar em condição inferior e subalterna.

Em alguns casos o conflito é inevitável, pois às vezes é necessário resistir aos ataques do mal, que não aceita trégua e a tudo destrói sem escrúpulos nem compaixão, provocando dor e miséria por onde passa.

Na maior parte das vezes, porém, as guerras não existiriam se os contendores fossem capazes do entendimento mútuo, assim se evitando maiores prejuízos, especialmente as mortes de ambos os lados; ou se pelo menos um dos envolvidos olvidasse a ofensa ou abrisse mão de um pouco em favor do outro.

Em razão disso, na voz do povo ou na voz de Deus, é verdade que quando um não quer dois não brigam.

A lei que rege o universo é a do amor, que nos convida a um relacionamento fraternal e respeitoso, incluindo-se aí a tolerância e o perdão recíprocos, sem os quais dificilmente se consegue a paz individual e social, necessária ao trabalho e ao progresso de todos.

Toda vez que nos comportamos contrariamente à lei do amor perturbamos a harmonia e somos responsáveis pelos sofrimentos e prejuízos eventualmente causados ao próximo ou à coletividade, surgindo para nós, então, o dever da reparação.

Alguém já disse: entre estar certo e ter paz, melhor é ter paz. É que costumamos brigar por bagatelas e pontos de vistas não essenciais à felicidade. Discutimos e nos matamos por causa de simples acidentes no trânsito, por disputas de futebol ou por divergências no lar.

E sempre é possível discordar, sem desrespeitar; resistir, sem atacar; esclarecer, sem humilhar. Gandhi deixou-nos o legado da resistência pacífica, demonstrando que os ensinamentos e os exemplos de Jesus podem ser colocados em prática por todos nós.

Por esse motivo, não nos convém criar, aceitar ou manter um estado de guerra com ninguém – salvo motivos inescusáveis e nos limites necessários –, porque fatalmente haverá dor para todos os contendores.

“

Não aceite a ofensa
Que estão a te ofertar,
A briga não compensa
E apenas faz chorar.

O amor é compreensão
E também entendimento,
Melhor a paz e a conciliação
Do que ter bom argumento.

”

33

Água mole em pedra dura, tanto bate até que fura

DURAS SÃO AS LUTAS da vida, mas necessárias. Deus nos criou espíritos simples, mas nos dotou dos germes de todas as qualidades que nos permitirão alcançar um dia a relativa perfeição, já que a absoluta somente Ele a possui.

São as intempéries que fortalecem a árvore; a pressão por tempo milenar que converte carvão em diamante; a oclusão no casulo que faz a rastejante lagarta renascer como leve borboleta.

Da mesma forma, são as dificuldades que nos fazem fortes e desenvolvem as nossas virtudes, pois precisamos do esforço da inteligência e das emoções para superá-las.

Não devemos, por isso, fugir do enfrentamento dos obstáculos e nem querer que outrem os afaste de nós. Aluno que não encara a tarefa não aprende a lição e consequentemente não ganha sabedoria.

Cada problema solucionado incorpora conhecimentos,

preparando-nos para outras situações mais complexas. Problemas fáceis não exigem muito, mas também não somam maior aprendizado.

As grandes questões pedem pesquisa, reflexão, dedicação, paciência e perseverança. Tudo tem solução, nem sempre agora, mas com certeza num futuro próximo ou remoto, nesta vida ou em outras vidas, pois somos espíritos imortais.

Por isso, na voz do povo ou na voz de Deus, água mole que bate perseverantemente fura a pedra que se mostra dura e, aparentemente, um obstáculo intransponível.

As dificuldades que se apresentam em nossos caminhos ou as metas que almejamos serão vencidas ou alcançadas se nos dedicarmos com afinco ao estudo das possibilidades e trabalharmos dedicadamente.

Às vezes, porém, a melhor conduta não é a de furar, que de alguma forma significa sofrimento, mas sim a de contornar, dar a volta, sem o confronto direto com o que está à sua frente.

O importante é perceber que o esforço paciente é indispensável em qualquer situação, para se alcançar o que se deseja. Todo caminho é percorrido metro a metro e a semente só se converte em árvore frutífera após crescer minuto a minuto.

De outro aspecto, o brocardo da sabedoria popular também se aplica às nossas questões íntimas, certamente as mais difíceis, até porque quase sempre não identificadas.

Ao longo da vida adquirimos hábitos perniciosos que se incrustam na alma e que permanecem difíceis de remoção. Vencer as más tendências e reeducar os hábitos pede muita vontade, atenção, reflexão e disciplina, pede um desejo consciente de se melhorar.

Compelidos a progredir sempre, pois nosso destino é a felicidade, enchamo-nos de otimismo e alegria e prossigamos confiantes e determinados com vistas no futuro melhor que nos aguarda, fazendo diariamente a nossa parte e certos de que Deus faz a d'Ele permanentemente.

> "Por mais dura seja a pedra
> Por mais difícil a aflição,
> A dor que na vida medra
> Sempre tem solução.
>
> Paciente e perseverante,
> Siga à frente sem temor,
> Tudo que vem por diante
> É bênção do Grande Amor."

34

Em casa que não tem pão, todos brigam e ninguém tem razão

O TRABALHO É UMA lei que rege o Universo. Tudo está em atividade, em agitação, representando a vida criada por Deus e na qual nos movemos em busca da plenitude em sabedoria e amor.

Sem o trabalho, físico ou intelectual, o espírito não se desenvolve e a sociedade não progride. É também indispensável ao equilíbrio da criatura, que nele encontra a satisfação interior por criar e produzir, ocupando a mente de maneira saudável e assim alcançando a alegria de viver.

Por isso, somos todos convidados ou compelidos ao serviço e a contribuir para a harmonia e o bem-estar pessoal ou coletivo, 'ganhando o pão de cada dia com o suor do próprio rosto', tal como consta na alegoria do Velho Testamento.

Mas entre nós ainda encontramos aqueles que estão na fase infantil do processo evolutivo, os que se acham o centro das atenções, os que pedem na boca o alimento que desejam e nenhum esforço querem fazer para o progresso comum.

Há mesmo quem viva na pobreza, padecendo graves necessidades, mas por culpa própria, pois não procura e nem quer sair da acomodação para adquirir habilidade e fazer alguma coisa de útil.

Alguns se contentam até em viver ao relento, maltrapilhos, comendo só aquilo que a caridade alheia lhes oferece à mão vazia e refutando os apelos para que sejam melhor amparados e ressocializados.

Não poucos acabam se entregando aos vícios e ao sexo promíscuo, cada vez mais chafurdando nos piores departamentos da sociedade, sofrendo e fazendo sofrer os familiares, quando não sucumbindo ao suicídio.

Dessa maneira, na voz do povo ou na voz de Deus, se numa casa falta o suficiente para a sobrevivência e todos que ali moram vivem a reclamar uns contra os outros, com certeza nenhum deles tem razão.

Por mais difícil que seja a situação, com um mínimo de boa vontade é possível encontrar algo para fazer e cuja remuneração permita comprar algum mantimento; nos casos extremos de invalidez, ainda assim sempre se encontram pessoas caridosas dispostas a auxiliar.

É dever de todos do mesmo lar se ajudar mutuamente, ser solidários e contribuir para o bem comum, já que não estamos juntos por acaso e também não possuímos as qualidades suficientes para nos garantirmos sozinhos.

Mas para isso é preciso abrigar o coração na humildade, pois o orgulho não se permite rebaixar, pedir a ninguém e nem revelar uma condição que considera subalterna na sociedade.

Há profissionais gabaritados que, dispensados de seus empregos bem remunerados, colocam a família em situação financeira difícil, porque não aceitam outro serviço mais simples e de menor salário.

Dessa forma, deixemos de lado a reclamação e guardemos a certeza de que as portas se abrirão para quem bater, de que encontraremos sempre aquilo que buscamos e de que o Pai nos atende as súplicas justas e sinceras.

> “Quem vive a lamentar
> Que em casa falta pão,
> Deve sair e procurar
> Qualquer boa ocupação.
>
> Trabalho honesto é nobre,
> Como lixeiro ou doutor,
> Seja rico ou seja pobre,
> Sirva sempre com amor.”

35

Cada macaco em seu galho

A FINALIDADE DA REENCARNAÇÃO é o nosso aperfeiçoamento. O conhecimento das ciências é praticamente infinito e por isso há muito para se aprender a todo instante, seja qual for a nossa situação.

Por outro lado, cada um tem suas atividades, preocupações e problemas a resolver, na família, no trabalho ou em grupos sociais nos quais está inserido e que são indispensáveis à própria vida.

Nossos esforços, portanto, devem estar centrados principalmente nas ocupações em que fomos localizados por Deus, porque se destinam a atender às nossas necessidades específicas de amadurecimento espiritual.

Infelizmente, como o que é nosso mexe diretamente com as nossas deficiências e emoções, tendemos a desviar do que nos importa e direcionamos a nossa atenção para a vida dos outros.

E então nos tornamos intempestivos, maledicentes, inconvenientes e nos intrometemos em problemas alheios sem que nos peçam ou sem sabedoria ou conhecimento de causa.

Alguém reclama de dores e o outro recomenda um remédio do qual ouviu falar como "bom" para o problema; a vizinha reclama do marido por banalidades e o conselho da amiga é logo a separação; o empregado se diz descontente e o amigo sugere que ele faça greve ou corpo mole até que o patrão melhore o salário; o colega está envolvido em sua difícil tarefa e o outro opina sem saber dos detalhes.

Todos esses "palpiteiros" agem de forma leviana, tentando algo que não é de sua competência ou atribuição, atrapalhando ou perturbando a vida dos outros. Muitas vezes, as consequências são funestas, gerando mal-estar, sofrimento e prejuízos.

Assim, na voz do povo ou na voz de Deus, cada macaco deve permanecer no seu próprio galho, e com isso se quer dizer que, antes de tudo, cada um deve cuidar primeiramente da própria vida.

Não significa que não possamos ajudar o próximo, porque ser solidário e fraternal é uma decorrência da lei do amor e uma necessidade para que possamos viver e crescer em sociedade.

Mas ninguém pode se arvorar em mestre, conselheiro ou juiz de alguém se ainda não se resolveu nas mesmas questões nas quais agora se intromete espontaneamente, porque não terá respaldo da experiência e nem ascendência moral.

Também devemos dar uma atenção muito especial ao cumprimento dos próprios deveres, sendo responsáveis, dedicados e eficientes, para que possamos produzir o melhor para o bem coletivo.

Olharmos para o nosso interior e encontrarmos as "traves" que nos impedem a percepção clara dos fatos e não nos preocuparmos tanto com os "ciscos" nos olhos dos outros, conforme recomendação de Jesus.

Só assim estaremos preparados para ajudar quando for oportuno e conveniente, quando nos for solicitado ou o dever e a amizade nos recomendar a iniciativa, sem que sejamos recriminados pelo próximo ou pela nossa consciência.

> "Cada um tem sua vida
> E muitas lutas a enfrentar,
> Mas tem gente atrevida
> Que gosta de palpitar.
>
> Por isso guarde seu canto
> E o momento de ajudar,
> Quando alguém, em pranto,
> Socorro lhe suplicar."

36

Melhor só do que mal acompanhado

DO EGOÍSMO, QUANDO NOS supomos o centro das atenções, até o altruísmo, que revela o espírito liberto, desinteressado e amoroso, há que se conquistar valores intelectuais e emocionais.

E a escala evolutiva das criaturas é de uma grande diversidade de estágios, com poucas situadas no topo e a grande maioria nos patamares inferiores, variando entre o esforço de aprender e a acomodação.

Por necessidade inerente aos seres vivos, buscamos o semelhante para uma vida em comum, partilhando interesses e dividindo experiências boas e ruins, que nos ajudarão no aperfeiçoamento individual e coletivo.

Somos então compelidos a conviver com uma gama variada de pessoas, algumas com as quais temos afinidades e nos alegram, muitas que nos são indiferentes e outras várias com as quais temos diferenças, às vezes, inconciliáveis.

Mas viver e bem relacionar-se com o próximo é uma arte que

só aos poucos dominamos, em um tempo longo e que alcança muitas reencarnações, porque pressupõe o desenvolvimento das nossas virtudes.

Em determinado momento, por sintonia de ideal, nos ajuntamos a pessoas interesseiras, malévolas e cruéis, e somos capazes de a muitos prejudicar, sem a mínima crise de consciência.

Mas chega o tempo em que, pelo sofrimento, pelo cansaço e pela reflexão, reconsideramos a nossa jornada e desejamos uma vida pacífica e honesta, isenta de maiores atritos com o semelhante.

É então que, na voz do povo ou na voz de Deus, vale o conselho de que é melhor estar sozinho do que acompanhado dos velhos companheiros que ainda persistem na maldade e nos vícios.

Trata-se de um período de conflitos e insegurança, em que permanecemos vacilando entre as reclamações dos amigos da velha vida de prazeres a qualquer preço e o convite para seguir um novo caminho.

A solidão fere a alma e a faz sofrer, porque já não se compraz com o antigo modo de ser, mas também ainda não está totalmente liberta das tentações e nem conseguiu se integrar noutros setores mais sublimados da vida.

Nessa hora, é preciso um esforço inaudito e uma volta para o Senhor da Vida, que sempre responde às súplicas sinceras daqueles que desejam retomar o caminho do bem, fortalecendo-os no novo propósito e enviando-lhes o socorro necessário.

Somos, então, inspirados a procurar pessoas ou instituições que nos acolham e confortem, orientando-nos e nos mostrando que devemos buscar antes as coisas dos céus, porque as da Terra são todas passageiras.

Uma nova vida se descortina. Olhamos para trás e vemos os

companheiros de outrora ainda enganados, mas os compreendemos e sabemos que um dia também despertarão.

Nós, porém, nos sentimos seguros para caminhar adiante, porque já conseguimos vislumbrar a luz e temos a certeza de que aqueles que procuram fazer o bem e servir mais nunca estarão sozinhos.

"O mal não merece
A tua companhia,
Melhor é o bem que acontece
Trazendo paz e alegria.

Deixa o erro no passado
E siga em busca da luz,
Que serás logo chamado
A caminhar com Jesus."

37

A ignorância é a mãe de todos os males

QUAL A ORIGEM DO mal? De onde vem a inclinação para os vícios e os crimes? Por que adoecemos e fazemos guerras? Como explicar o egoísmo, o orgulho e demais máculas do caráter humano? Essas são questões que a ciência tenta responder, porque indispensáveis à felicidade.

As religiões também discutem o tema e muitas atribuem a Lúcifer, o anjo decaído e revoltado contra o Criador, a causa primeira do pecado e de todo o mal dele consequente.

Difícil imaginar que um Deus perfeito, justo e misericordioso tivesse dotado Seus filhos com a maldade ou não tivesse o total controle sobre eles, permitindo que perturbassem a ordem universal.

Bem por isso, talvez aquilo que chamamos de mal seja um processo inerente à própria vida, necessário ao desabrochar de valores da alma desde o momento da sua criação. A obra do Senhor, então, é perfeita, mas não acabada, tarefa que o seu amor incumbiu às criaturas.

Segundo revelado pelos espíritos superiores ao codificador Allan Kardec, os espíritos foram criados simples e ignorantes e alcançam a plenitude vivendo inúmeras reencarnações.

A melhor comparação é a da alma com a semente, pois, assim como esta traz os germes da árvore frondosa e frutífera que um dia será, a alma também carrega os embriões das virtudes que a elevarão à condição de arcanjo.

Ao ser humano primitivo, de inteligência ainda limitada, Deus concedeu o instinto, que pode hoje ser comparado a um *software* biológico, um programa de computador com funções predeterminadas e específicas.

O instinto, no entanto, é egocêntrico e dominador, porque do contrário não garantiria a sobrevivência e a perpetuação da espécie, sucumbindo aos ataques dos predadores.

O aprimoramento da inteligência promove igualmente o desenvolvimento do amor, imanente à alma, período em que o ser humano começa a estender suas preocupações também ao grupo familiar ou tribal, dando origem aos sentimentos de fraternidade e solidariedade.

Se o instinto teve maior importância no princípio, agora deve ceder lugar aos reais valores do espírito, pois são indispensáveis à sua liberação da matéria e sua transcendência espiritual.

O matar e o furtar para sobreviver, naturais num mundo primitivo, agora não mais se justificam e são motivos de desarmonia social e sofrimento. Mas a pouca inteligência não consegue preponderância sobre o instinto e este persiste alimentando o egoísmo e o orgulho, a força e a crueldade.

Por isso, na voz do povo e na voz de Deus, é a ignorância a causa de todos os males praticados e experimentados pela humanidade. Ignorância das ciências humanas e das leis morais que regem a vida.

Afirma o espiritismo que a pessoa só é feliz ou infeliz quando cumpre ou descumpre as leis divinas. Dessa forma, aplicar-se no desenvolvimento da inteligência e no conhecimento das leis divinas permitirá à criatura optar pelo bem, gerando um futuro saudável e feliz.

Não à toa o Cristo ensinou: "Conhecereis a verdade e a verdade vos fará livres" (João 8:32).

"
Deus é sempre amor
E justiça em perfeição;
De onde então vêm a dor
E o mal do coração?

Vêm da alma em evolução,
Ainda simples e ignorante,
E que só aprende a lição
Errando como estudante.
"

38

Quem desdenha quer comprar

CONQUISTAR VALORES E COISAS é um direito da pessoa, porque são importantes à sua sobrevivência e bem-estar físico, emocional e intelectual. Foi justamente por causa desse natural anseio humano que a sociedade avançou em estrutura e tecnologia, possibilitando a vida organizada em cidades.

No entanto, o medo e a ambição desmedida geraram um insensato esforço para se amealhar cada vez mais, muito além do necessário e mesmo do que se pode usar ou consumir.

E a vaidade e a inveja insuflam a comparação entre as riquezas e o desejo de se ter mais que o outro e de possuir bens melhores e mais bonitos, embora já se possua muito, com isso querendo se garantir atenção, destaque e honras sociais.

Nem todos, porém, são dotados de inteligência e habilidades para conquistar bens ou manter riquezas, de modo que a frustração e a decepção permeiam a vida das pessoas aprisionadas pelo querer e pelo ter.

Alguns se resignam e seguem procurando viver nos limites das suas possibilidades econômicas, mesmo reconhecendo que ainda são insuficientes para a realização dos almejados sonhos de consumo e autoafirmação.

Outros, mais soberbos, não se conformam em permanecer por baixo e lançam mão da difamação ou do desprezo na tentativa de diminuir o valor do próximo ou da coisa que não conseguiram alcançar.

Agem como a raposa da fábula do sábio grego Esopo que, não logrando apanhar as uvas localizadas no alto de uma parreira, se afasta declarando que elas estavam verdes.

Por isso, na voz do povo ou na voz de Deus, quem muito desdenha ou menospreza as coisas, é porque certamente gostaria de tê-las consigo e com exclusividade.

A inveja e o despeito, esses sentimentos vergonhosos, devem ser combatidos tenazmente por todos que desejam sinceramente crescer em espiritualidade e desfrutar de paz interior.

A grande luta que devemos travar é conosco mesmo, para eliminarmos os maus hábitos e enriquecermos as virtudes que nos foram concedidas em germe por Deus, o nosso Criador.

Nosso processo evolutivo é individual, personalíssimo, sendo inútil a comparação que possamos fazer em relação ao nosso próximo. E se notamos alguém em melhores condições, isso deve despertar apenas a nossa admiração e ser um exemplo para que continuemos avançando.

A lei que rege nossas vidas é a do "a cada um segundo as suas obras", razão pela qual compete-nos o esforço próprio se desejamos avançar conquistando valores e posições.

E se alguma coisa não conseguimos é porque ainda não merecemos ou não nos é importante, porque Deus é sempre justo, mas que talvez possa nos ser concedida em futura oportunidade.

Por outro lado, os bens materiais são úteis à nossa vida na Terra, mas não são os mais importantes, sendo essenciais os valores da alma, as nossas obras para o bem comum e as amizades que estabelecemos.

Dessa forma, vivendo humilde e respeitosamente, nos dediquemos a crescer sempre em espírito, caminhando pela estrada do conhecimento e do amor, única maneira de adquirirmos a verdadeira felicidade.

“Trabalhe para conquistar
Os anseios de felicidade,
Mas se ainda não os lograr
Aceite com humildade.

Quem ri do que não tem,
Desdenhando o seu valor,
Só revela que esse alguém
Pouco aprendeu do amor.”

39

Quem é vivo sempre aparece

VIVER NOS PERMITE CONHECER muita gente e estabelecer relacionamentos eventuais ou duradouros. Alguns são de simpatia e outros de antipatia, proporcionando-nos alegria ou mal-estar.

A cada contato ampliamos a nossa rede de conhecidos, confirmando que somos seres sociais e necessitamos uns dos outros para sobreviver, já que não possuímos todas as qualidades.

No passado, quando os recursos da mobilidade eram poucos, nossas relações se limitavam ao pequeno burgo onde vivíamos e nele nos encontrávamos corriqueiramente, nas atividades diárias.

Naquele tempo, quando os amigos ou parentes se iam para outro local, em busca de melhores oportunidades ou apenas pelo espírito de aventura, imaginávamos que nunca mais os veríamos ou que isso muito tardaria.

Hoje, graças ao avião podemos ir para muito longe e retornar com certa facilidade; e também podemos nos comunicar rapidamente, especialmente pela internet e pelo celular.

Quem você não via há tempos, de repente é encontrado nas redes virtuais, reatando laços de amizade e promovendo novas alegrias que não haveria se dependesse da eventualidade de um encontro pessoal.

O mundo, então, ficou pequeno e a qualquer momento e em qualquer lugar podemos rever os amigos, para nossa alegria e paz; mas, por outro lado, para a nossa infelicidade e mal-estar, também podemos reencontrar inimigos.

E se imaginamos que o brocardo popular se refere apenas aos vivos na carne, o espiritismo acrescenta que também as almas dos mortos aparecem, porquanto em verdade somos todos imortais e a morte alcança apenas os nossos corpos materiais.

Os espíritos não vivem em um mundo totalmente à parte, mas apenas em outras dimensões ou regiões, podendo igualmente estar entre nós ou eventualmente nos visitar, aproximando-se de nós por simpatias ou antipatias.

Podemos senti-los em nossas emoções, nos comunicarmos pela mediunidade ou encontrá-los na espiritualidade durante o sono, estado em que se afrouxam os laços que prendem o espírito ao corpo.

E mais: com a imortalidade da alma, após a morte com certeza nos reencontraremos no mundo espiritual, para os deleites do amor ou para os reajustes necessários com os nossos desafetos.

Desse modo, na voz do povo ou na voz de Deus, é mesmo certo que um dia iremos aparecer, nos lugares dos nossos interesses e para os reencontros com aqueles cujos sentimentos nos aproximam.

Que ninguém, portanto, imagine ser possível se esconder dos inimigos, devendo, ao contrário, a propósito da recomendação de Jesus, logo se reconciliar com os adversários e recobrar a paz interior.

E que ninguém se desespere supondo nunca mais ver os seus entes queridos, porque Deus é amor, vida plena, e nos criou para um dia desfrutarmos da verdadeira felicidade, certamente só possível quando estivermos ao lado de quem amamos.

> "Meu amigo, vou lhe dizer,
> Coisa que muito acontece,
> Quem aqui deixou de viver
> Um dia nos aparece.
>
> Somos todos a humanidade
> De espíritos imortais;
> Viva, viva a imortalidade!
> Que não nos separa jamais."

40

Cabeça vazia, morada do diabo

SOMOS SERES INTELIGENTES E os nossos pensamentos fluem continuamente, de modo que é impossível pararmos de pensar. Mesmo quando dormimos a mente está trabalhando e os sonhos são disso uma evidência.

É o pensamento que dá origem às nossas palavras e ações, gerando as obras pessoais e coletivas, e promovendo a paz e o progresso, a guerra e a destruição, enfim, a felicidade ou o sofrimento.

A irradiação do pensamento atinge primeiramente o próprio emissor, proporcionando-lhe a harmonia ou acarretando-lhe o desequilíbrio. Daí o acerto dos gregos quando afirmaram: "Mente sã, corpo são".

É também o pensamento que identifica a qualidade da pessoa, ainda que esta cale a sua expressão ou disfarce sua conduta, para se mostrar como lhe convém e não como realmente é na intimidade.

O bem e o mal são elaborados pela mente conforme nossa maturidade espiritual ou moral, desejos e emoções. Egoísmo, orgulho, prepotência e agressividade são próprios de espíritos inferiores; humildade, simplicidade, bondade, tolerância e altruísmo identificam a alma já purificada.

Funcionando a mente como uma verdadeira antena geradora e receptora de ondas eletromagnéticas, aplica-se aos pensamentos a lei de afinidades, de maneira que os de mesma natureza se conjugam e os diferentes se repelem.

E, nesse aspecto, também consideramos a relação com os pensamentos dos espíritos desencarnados, que constantemente interagem com os encarnados, influenciando-nos muito mais do que imaginamos e de forma quase imperceptível.

Por isso, na voz do povo ou na voz de Deus, a cabeça vazia de bons pensamentos se faz morada dos pensamentos diabólicos, destruidores ou autodestruidores, mas sempre causadores de sofrimento.

Quem quiser ser melhor e feliz precisa se esforçar na disciplina dos próprios pensamentos, reeducando seus hábitos e ocupando o seu tempo com coisas boas e úteis, para si e para o próximo.

Ambientes onde as drogas e o sexo permeiam indiscriminadamente devem ser trocados por outros que promovam a saúde do corpo, como academias de ginásticas, de danças ou de esportes.

Leituras degradantes, violentas e pornográficas devem ser substituídas por livros que proporcionem cultura nobre e engrandeçam a alma pelos convites que fazem à aquisição das virtudes.

Os companheiros de bate-papo inútil e maledicente devem ser convidados a conversas dignas ou deixados em favor da convivência com pessoas mais honradas e que falem de forma aproveitável.

E podemos encontrar na religião um apoio para o nosso propósito de mudanças, pois ela sempre nos oferece preceitos que nos fazem refletir sobre a nossa verdadeira essência, sobre as nossas relações com o próximo e com o Criador.

O diabo representa o mal, que ainda está em nós ou no próximo, mas a felicidade verdadeira só será alcançada quando decidirmos corajosamente expulsá-lo de nossa casa interior e fazer dela uma morada de luz.

“

Cultiva o bom pensamento
E recusa a má tentação,
Para que o sofrimento
Nunca fira o coração.

Tua mente é tua morada,
De sombra ou de suave luz,
E se a queres iluminada
Pensa como Jesus.

”

41

Mar calmo não faz bom marinheiro

HÁ UMA TENDÊNCIA NATURAL para se conseguir maior aproveitamento com o menor consumo de energia. É a lei do menor esforço, que se observa na natureza e que vale também para nós humanos.

No entanto, essa lei é confundida com preguiça ou acomodação e muitos imaginam que uma vida feliz só será possível se for isenta de problemas e adversidades, doenças e dores, obstáculos e preocupações.

Quem pensa em conquistar com facilidade revela imaturidade psicológica e, tal como a criança, espera que Deus e todo mundo atendam às suas necessidades biológicas, seus desejos pueris e suas carências afetivas.

Pessoas assim são frágeis e ainda desprovidas de forças e valores internos, mas um dia também vão perceber que as leis divinas incluem o trabalho pessoal como norma para a felicidade.

Compreenderão igualmente que, na voz do povo ou na voz

de Deus, as águas mansas não dão ao marinheiro experiência suficiente para evitar o naufrágio nas inevitáveis tormentas dos mares da vida.

Todo crescimento pressupõe esforço para a teoria e a prática. O conhecimento se adquire pela leitura, reflexão, observação, discussão e convicção. Mas a habilidade só se conquista depois de repetidos exercícios, incluindo-se o erro, sua percepção e correção.

Algumas qualidades entrevistas no aprendiz indicam sua inclinação para se tornar um bom trabalhador, capaz de desempenhar suas tarefas com profissionalismo e competência.

Humildade, porque é preciso se reconhecer ignorante e estar aberto para o aprendizado que um mestre pode lhe proporcionar.

Determinação, para não desistir de seu objetivo, vencendo etapa por etapa, ainda que se mostrem difíceis e sofridas.

Paciência, para não se perturbar diante da vastidão do conhecimento e aguardar o momento certo da colheita.

Coragem, para suportar os reveses, as quedas, as dores e as oposições, que sempre aparecem em qualquer empreendimento, especialmente os destinados ao bem coletivo.

São virtudes que todos possuímos em germe desde o princípio divino, mas que são desenvolvidas durante as múltiplas reencarnações do espírito e se incorporam de maneira definitiva, identificando o arcanjo que um dia seremos.

E esse desenvolvimento se dá exatamente no enfrentamento do mar revolto, quer dizer, das lutas físicas e morais de todo ser humano na Terra, em meio à natureza e aos semelhantes.

É no fogo do embate que se purifica e se tempera o aço das nossas almas.

Se o corpo se fortalece ao ser exercitado no trabalho físico; se a inteligência se desenvolve e aprimora quando temos de resolver as dificuldades da vida diária, o espírito se torna virtuoso quando compelido a vencer os conflitos das relações interpessoais, as contrariedades, a carência material, as perdas, as doenças e o sofrimento moral.

Não recalcitremos, portanto, contra as tempestades e as elevadas ondas do mar da nossa vida, arrostando-as com todo o nosso empenho, na certeza de que esse árduo combate nos promoverá à condição de bons e condecorados marinheiros.

> “Grumete que não enfrenta
> O balanço do navio,
> É marinheiro que não aguenta
> Tormenta em mar bravio.
>
> E a alma que deseja
> Vencer os maremotos da vida
> Deve encarar a peleja
> Com mão firme e proa erguida.”

42

Gato escaldado tem medo de água fria

A EVOLUÇÃO DO ESPÍRITO não se dá numa estrada reta e plana. Pelo contrário, segue por um caminho tortuoso, cheio de altos e baixos, exigindo atenção e esforço de nossa parte, porque Deus estipulou que o aperfeiçoamento deve ser conquistado pelos nossos próprios méritos.

Todas as experiências se incorporam à criatura e nela despertam reflexões, aprendizado, sensações, emoções e sentimentos que a tornam mais madura e melhor, de imediato ou num momento qualquer depois.

Se o sucesso produz felicidade e estímulos para o prosseguimento, os enganos, as frustrações e os sofrimentos podem gerar traumas que dificultam a jornada. E sempre que a pessoa está diante de outra experiência assemelhada à traumática, assoma um medo que paralisa ou impele à fuga ou à reação violenta.

Por isso, na voz do povo ou na voz de Deus, quem tem a alma

marcada por uma experiência dolorosa evita passar por outra até mesmo parecida, ainda que não lhe acarrete real perigo.

Por exemplo: quem sofreu um acidente de avião nunca mais quer voar; quem foi enganado perde a confiança nas pessoas; a vítima de violência pode entrar em pânico e não mais sair de casa; quem sofreu com dívidas não mais compra a prazo; quem levou um choque fica longe de fio elétrico, etc.

O espiritismo nos ajuda a compreender melhor as dores que vivenciamos, porque nos ensina sobre a imortalidade do espírito, a lei de causa e efeito e a reencarnação, sem o que as explicações são incompletas.

Uma vivência aflitiva não é punição do Criador pelo nosso erro, porque Ele é todo misericórdia e só quer a nossa felicidade. Mal comparando, Deus age como o pai que permite a queda do filho porque sabe que isso o ensinará a andar com as próprias pernas.

As experiências difíceis servem para que reflitamos sobre o certo e o errado, o bem e o mal, somando conhecimento e nos fortalecendo para outros embates da vida, até que alcancemos a perfeição.

Ganhando em experiência, adquirimos sabedoria, prudência, serenidade e coragem para, de um lado, resistir aos ataques do mal e, de outro lado, para fazer todo o bem que nos garanta momentos de felicidade.

Mas ninguém será feliz enquanto carregar o medo patológico, um sentimento inferior que impede a plena realização e que por essa razão deve ser erradicado por uma adequada e eficiente terapia psicológica e espiritual.

Nossos traumas somente serão eliminados mediante um enfrentamento sincero, humilde e corajoso, após o que permanecerá o valor do aprendizado construtor de uma personalidade mais forte.

Alcançando esse patamar espiritual, a consciência em paz permitirá um olhar para o passado sem angústias e um caminhar sem ansiedades, aguardando as novas experiências enriquecedoras.

> Quem feriu o coração
> Em dolorosa experiência,
> Recusa outra vivência
> Que cause nova aflição.
>
> Mas toda dor é aprendizado
> Ensejando reflexão,
> Quem guarda a sua lição
> Segue mais iluminado.

43

A ocasião faz o ladrão

A SOCIOLOGIA E A psicologia discutem se o homem é o que é por causa de sua herança genética ou se por influência do meio em que se encontra. Por outras palavras, se ele é bom ou mau, sábio ou estulto conforme os genes parentais ou segundo os estímulos que receba do exterior.

Esse imbróglio só será solucionado quando for reconhecido que somos espíritos imortais e preexistentes ao renascimento físico, e a respeito o espiritismo tem muito a ensinar.

Vivendo anteriormente muitas reencarnações, trazemos para o berço as nossas tendências e inclinações, que definem a nossa personalidade atual. Os genes contribuem para a formação do novo corpo, mas a alma é criação divina.

A criança, portanto, não é um livro em branco no qual os pais, professores e terceiros escrevem uma história, mas é indiscutível que nos influenciamos uns aos outros e nos submetemos ou não, graças ao livre-arbítrio inerente à individualidade humana.

Reencarnamos num meio familiar e social em que podemos aprender e evoluir, e as experiências vividas fortalecem as virtudes ou os maus hábitos adquiridos em vidas passadas.

Como ainda somos almas frágeis e ignorantes, egoístas e vaidosas, o lado negativo fala mais alto e cedemos com muito mais facilidade aos convites do mal e para o mal.

Por isso que, na voz do povo ou na voz de Deus, a ocasião faz o ladrão. Quer dizer que a pessoa que traz em si a inclinação criminosa tem grande chance de não resistir à oportunidade de uma vantagem ou prazer ilícitos.

Toda tentação testa a nossa resistência moral, os nossos valores éticos. Quase sempre já fracassamos em vidas passadas nas mesmas provas e agora somos convidados a repetir a lição.

A cada erro sobrevém a necessidade de expiação e reparação, num curso educativo que se prolonga até que aprendamos a viver conforme a lei divina, única maneira de se alcançar a felicidade. Sem provas e dificuldades não há como nos avaliarmos e descobrirmos onde precisamos melhorar.

Não há, porém, mal irresistível. Podemos vencer qualquer tentação com um pouco de esforço e disciplina, desde que haja vontade e estejamos conscientes dos prejuízos para nós e para o próximo.

E a recomendação de Jesus é sempre atual: "Vigiai e orai, para não cairdes em tentação" (Mateus, 26:40-41).

Primeiro, vigiar as próprias inclinações e fraquezas, para fugir dos locais, pessoas ou situações que as alimentem e possam nos fazer sucumbir. Para isso, é indispensável o autoconhecimento, que nos permitirá identificar as nossas tendências inferiores, para discipliná-las, e as nossas qualidades, para fortalecê-las.

Segundo, orar sempre, favorecendo uma conexão mental com Deus e os espíritos superiores, que nos ajudarão com forças de resistência e inspiração para o bem, nas horas mais difíceis e de tentação.

Uma ocasião qualquer pode revelar as nossas más inclinações, mas também pode nos mostrar que já somos mais fortes e bons, proporcionando-nos a alegria de vencermos a nós mesmos.

> "Tentação é oportunidade
> Para a tua elevação,
> A vitória é felicidade,
> A queda mais aflição.
>
> Vigia, portanto, amigo,
> O que traz no coração,
> Sempre atento ao inimigo
> Que te apresenta a lição."

44

Roupa suja se lava em casa

NÃO HÁ NA TERRA quem não tenha problemas. Doenças, conflitos íntimos e interpessoais, precariedade financeira e dívidas, traumas e medos nos atormentam, com maior ou menor frequência e intensidade.

São iguais à sujeira da roupa, mas que nos causam infecções sentimentais e adoecem a alma e o corpo. Assim como lavamos a roupa para tirar as manchas e a imundície, também nos incomodamos com o sofrimento e queremos recobrar a saúde e a paz.

Cada criatura "lava" suas dificuldades de um jeito próprio, com a inteligência e as forças morais de que dispõe, mas nem sempre consegue resolvê-las ou pelo menos não como gostaria.

Há quem lute sozinho e silenciosamente, por vaidade ou vergonha de expor as suas feridas, não raro sucumbindo à dor ou à queda, justamente porque não se permitiu buscar orientação e amparo.

Outros não têm qualquer pudor, são um livro aberto e a todos que encontram pela frente falam de seus problemas. Também não se pejam de escandalizar o público com reclamações, discussões e brigas, especialmente de natureza familiar.

No entanto, na voz do povo ou na voz de Deus, a roupa suja das nossas vidas deve ser lavada em casa, na intimidade ou com profissionais, longe de quem não tem nada com isso ou em nada pode ajudar.

Pessoas despreparadas, sejam amigas ou desconhecidas, não ajudam na solução da nossa encrenca, ao contrário, acrescentam suas próprias dúvidas e emoções, gerando comentários que só aumentarão a psicosfera negativa em torno das nossas vidas.

E ninguém é obrigado a suportar nossos destemperos ou reclamações constantes, pois já enfrenta seus próprios problemas e com certeza também tem dificuldades para solucioná-los.

A lavagem de roupa pede local adequado, como um tanque ou máquina, e produtos apropriados, como água, sabão, alvejante e até amaciante. Também é preciso usar técnicas diferentes para roupas leves e para as pesadas. E a água suja deve ir embora para o esgoto.

Nossos conflitos familiares ou divergências pessoais merecem uma conversa em particular, sem os desequilíbrios emocionais do calor dos acontecimentos, para que se possa chegar a uma solução amigável.

É necessário vestir o avental da humildade e do respeito, usar a água da prece e da paz, e o sabão da paciência, para falar e ouvir com equilíbrio e calma, informar e esclarecer, perdoar e reconciliar-se.

Não sendo possível, já que o outro pode não estar disposto, podemos pedir o concurso de conciliadores, por exemplo, religiosos, psicólogos, advogados, e, em último caso, recorrer até mesmo ao Judiciário.

De alma lavada pelo esforço reconciliatório, devemos nos sentir mais limpos e tranquilos, seguindo adiante nas nossas ocupações diárias e deixando que as divergências, mágoas e rancores sejam levados pelos ralos do esquecimento.

“

Problemas, conflitos e dores,
Nossas lutas pessoais,
Não carecem de tambores
Ou de colunas sociais.

Busquemos a solução
Em um canto particular,
Na fé e na oração,
Para a paz reconquistar.

”

45

Quando a cabeça não pensa o corpo padece

SOMOS ESPÍRITOS INTELIGENTES CAMINHANDO da ignorância para a angelitude. No princípio imperava o instinto, concebido pelo Criador para suprir a incipiência e garantir a sobrevivência das espécies.

Com o passar dos milênios desenvolvemos a inteligência e alcançamos a capacidade de raciocinar e também o livre-arbítrio, com isso conquistando o poder de tomar decisões, agir por si próprio e até de modificar o meio ambiente.

No entanto, só com o despertar da consciência começamos a distinguir o certo do errado, o bem do mal. Comportar-se de conformidade com o bem, contudo, tem sido uma constante luta, porque o prazer e as paixões grosseiras são amarras do passado, hábitos arraigados difíceis de transformar.

Fazer o certo pressupõe conhecimento de causa, boa vontade e esforço, predicados nem sempre observados na criatura humana, pois tendemos às facilidades e à acomodação.

O erro, ainda que um aprendizado, sempre tem implicações negativas para nós e eventualmente para o próximo, gerando sofrimento e a obrigação de reparar o prejuízo, nesta vida ou em vidas futuras, pois é da lei que somos responsáveis pelos nossos atos.

Por isso, na voz do povo e na voz de Deus, é inevitável que o corpo sofra quando a cabeça toma más decisões, apressadas, impensadas, pois más decisões geram ações e ações implicam em consequências.

O ignorante, o ambicioso, o imprudente e o ansioso não pensam muito antes de agir. Não avaliam com profundidade e bom-senso todos os prós e os contras de uma atitude. Agem impetuosamente, para empós colherem frutos amargos.

No trânsito, atrasado para um compromisso, o motorista se arrisca na velocidade e provoca acidente, ferindo-se ou perdendo a vida, quase sempre também atingindo outras pessoas.

A jovem fora do peso procura clínica para lipoaspiração de baixo custo, ficando deformada por causa do insucesso da intervenção.

Em noite de balada, jovens desconhecidos se embriagam e se entregam ao sexo desprotegido, acarretando uma gravidez indesejada.

Dizem que a imprevidência é típica dos jovens e que a madureza promove a sabedoria. Correto, mas quando consideramos o espírito imortal e não apenas a idade física. Há jovens cautelosos, tanto quanto existem idosos infantis.

O ser que desperta toma consciência dos valores essenciais da vida, respeitando a si mesmo e ao próximo. Busca, então, desenvolver a inteligência e equilibrar as emoções, equacionar a razão e os sentimentos, aprimorar a lógica e o bom-senso.

Correlacionando o mal e o seu resultado, esse ser psicologicamente maduro aproveita a experiência dolorosa e no futuro procura refletir e calcular antes de qualquer outra atitude assemelhada.

Observa atento o que faz e o que os outros fazem, aprendendo o que é bom e evitando as experiências ruins. De mente limpa e clara, conserva a sanidade da alma e do corpo, sendo feliz.

> Quando a cabeça não pensa,
> O corpo sempre padece,
> Porque a dor é a recompensa
> Que o imprudente merece.
>
> É aprendizado, dolorosa lição,
> Mas que faz a alma saber
> Que a lógica, o bom-senso e a razão
> Evitam o erro e o sofrer.

46

O que os olhos não veem o coracão não sente

HÁ CERTA RAZÃO DE ser na frase que diz que os olhos são as janelas da alma. A criatura feliz e saudável tem olhos vivos e brilhantes. Os olhos dos doentes e tristes são embaçados, lentos e têm pálpebras caídas.

Com um pouco de sensibilidade psicológica veremos nos olhos de alguém a expressão de alegria ou de tristeza, atenção ou desprezo, mentira ou sinceridade, bonomia ou agressividade.

Por outro lado, pelos olhos nos debruçamos sobre o mundo exterior e todas as suas ocorrências, boas ou ruins; identificamos os amores, os amigos e, também, os inimigos; enxergamos as flores, os alimentos, os animais, o relevo, enfim, tudo o que nos rodeia.

A visão se destaca sobre a audição, o olfato, o tato e o paladar e sem ela a qualidade de vida fica demasiadamente prejudicada em cor, expressão, identificação e mobilidade.

É pela percepção facultada pelos sentidos que nos sensibilizamos e nos emocionamos, alegrando-nos ou nos infelicitando com os acontecimentos. Ainda que nos façam uma boa descrição dos fatos, das pessoas e das coisas, são os sentidos que realmente despertam o nosso interesse e nos levam à reflexão e à emoção.

Então, na voz do povo ou na voz de Deus, quando os olhos não veem, o coração nada sente, ou sente imperfeitamente, e isso tem importantes implicações nas nossas vidas, para o bem ou para o mal.

Comecemos, por exemplo, com a esmagadora propaganda de mercadorias que as empresas querem nos impingir. Tanto as embalagens como as propagandas são de encher os nossos olhos, coloridas, chamativas e contextualizadas de tal forma que até passamos a acreditar ser impossível viver sem aqueles produtos.

Num restaurante, a simples visão dos pratos bem apresentados aguça o apetite, enche a boca de saliva e nos estimula a comer mais, de modo que quase sempre extrapolamos os limites do razoável ou do prazer.

A imagem de corpos bonitos, com roupas provocantes ou sem elas, ao vivo, em revistas, filmes ou em programas televisivos acorda a libido nos mais sensuais e motiva a sua satisfação.

Inveja, luxúria, ambição e ciúme são imperfeições alimentadas pelos nossos olhos, promovendo o sofrimento, para nós e para o próximo, e retardando o nosso progresso espiritual.

Dessa forma, para quem quiser resistir às tentações e aprimorar o coração, a primeira providência é tirar os olhos do que lhe constitui objeto de desejos, afastar-se do meio em que possa encontrá-lo e buscar algo novo e mais saudável.

Nesse sentido a alegoria do Mestre Jesus quando recomendou: "Se teu olho direito é para ti causa de queda, arranca-o e lança-o longe de ti" (Mateus, 5:29). Não sugeriu, obviamente, a extração do órgão físico – porque o mal não está no corpo e sim na alma –, mas que os nossos olhares fossem direcionados para longe do motivo de queda.

No entanto, somente olhando para a infância e a velhice abandonadas, para os doentes e miseráveis em agonia, para os ignorantes e famintos do corpo e da alma, é que o nosso coração se compadecerá da dor alheia e nos impulsionará ao socorro e à caridade.

Somente tendo a visão dos esplendores das estrelas que se derramam pelo zimbório em noite escura; das imensidões das terras e dos oceanos fartos de vida; das plantas e flores multicoloridas e perfumadas é que podemos melhor compreender a grandeza e a perfeição de Deus.

Nossos olhos, então, serão verdadeiros faróis iluminando os caminhos que conduzem à felicidade.

“

Olhos, janelas d'alma,
Revelando o coração,
Ódio, excitação ou calma,
Alegria, paz ou compaixão.

E se queres viver bem,
Almejando a felicidade,
Cerra teus olhos a quem
Faz convites à maldade.

”

47

A galinha da vizinha sempre é melhor

O DESEJO DE TER coisas é bastante natural, pois precisamos delas para a sobrevivência, a integridade, o conforto e o prazer. Igualmente, é da natureza humana viver em grupos, uma vez que somos dependentes uns dos outros, inclusive afetivamente.

Em princípio, deveríamos nos contentar com a satisfação das nossas necessidades básicas, segundo os ditames do instinto. Contudo, com o desabrochar da inteligência passamos a refletir sobre nós mesmos, o próximo e o meio, daí surgindo um exagerado medo do sofrimento e, decorrentes dele, outros sentimentos nefastos como o orgulho, a ambição e a inveja.

Deter coisas e dominar pessoas passou a ser importante para se demonstrar superioridade, o que supostamente garantiria o indivíduo e seu clã contra outros grupos, amedrontados com o poderio oposto.

A partir de certo momento, a quantidade já não se mostrou

suficiente e então era preciso que a ostentação de força também se enriquecesse com a grandeza, o luxo e a beleza.

No passado eram os grandes castelos, as igrejas suntuosas, as carruagens luxuosas, as roupas vistosas, os monumentos imensos. Hoje, as mansões gigantescas, os veículos caros e velozes, os edifícios, as grifes da moda e as obras de arte destacam os bilionários e renomados da sociedade contemporânea e globalizada.

O anseio de ser o maior e o melhor é alimento da inveja, esse sentimento eternamente insatisfeito com a vida e que se considera em desvantagem em relação às posses alheias.

Por isso, na voz do povo ou na voz de Deus, a galinha da vizinha sempre vai ser maior, mais gorda e mais vistosa do que a própria daquele que ainda traz a inveja como sombra causadora de sofrimento.

Inveja é a cobiça por atributos, posses, status ou habilidades de outra pessoa. Suas raízes psicológicas estão no egocentrismo remanescente do orgulho, do poder e da riqueza vivenciados em outras reencarnações. Mas, em profundidade, é possível se identificar o medo de não ter, de perder, de ser diminuído, de morrer.

Isso gera, no presente, uma insatisfação permanente com a vida, muitas vezes insuflada por uma educação deficiente, repressora ou protetiva, provocando baixa autoestima e um sentimento de incapacidade de superação e realização pessoal.

A inveja surge do desejo e não pela necessidade. O invejoso pode possuir bens suficientes ou destaque pessoal, mas infelicita-se simplesmente porque o outro possui algo mais que ainda não alcançou; e, ainda que alcance o que quer, continuará a desejar sempre mais, numa ciranda geradora de aflições e desgastes físicos e emocionais intermináveis.

Nessa vida louca, o infeliz invejoso observa e persegue aquele que é objeto de sua cobiça, muitas vezes lançando mão de expedientes imorais e escusos, como são as críticas, as ofensas, a dominação, a rejeição, a difamação e até mesmo as agressões, sem se preocupar com o sofrimento ou os prejuízos causados ao outro.

Quem se perceba portador da inveja deve submeter-se a uma terapia psicológica séria, trabalhando a autoestima, os conflitos de inferioridade e insegurança e as possíveis ocorrências que despertaram ou incentivaram o sentimento. Também é recomendado não se comparar a outras pessoas, percebendo que somos únicos e que os padrões alheios não servem à nossa felicidade.

Vinculando-se a uma religião e estudando as leis divinas, poderá reconhecer a perfeição da justiça divina, resignando-se com as situações que não pode mudar ou trabalhando honestamente para modificá-las para melhor.

> “Não cobice a coisa alheia
> E cuide da própria vida,
> A inveja muito enfeia
> A quem lhe dá guarida.
>
> Se queres ter mais prazer
> Nos palcos da sociedade,
> Trabalha, para valer,
> Com paixão e honestidade.”

48

Quando a esmola é demais, o santo desconfia

ESMOLA É A DOAÇÃO de dinheiro que se faz a alguém necessitado e que normalmente é de pequeno valor, um valor quase ínfimo e que não nos faz falta. Quem a recebe não espera muito e sabe que terá de somar várias esmolas para comprar algo útil.

A esmola é uma vergonha e deixará de existir numa sociedade progressista e fraterna, em que o Estado cumpre com suas obrigações e os cidadãos se consideram irmãos e amparam-se uns aos outros de forma efetiva e honrosa, sem impor humilhações.

O ato de ofertar aos deuses, santos ou espíritos é histórico e tinha por finalidade - e ainda tem para alguns - alcançar ajuda para o sucesso pessoal ou tribal, ou, ainda, aplacar a possível ira dos céus, na crença infantil de que as criaturas divinas ou extracorpóreas estão à pronta disposição das carnais ou a estas se sujeitam.

Supõe-se que a importância da súplica esteja na proporção

da oferenda. Assim, quanto melhor a dádiva, mais o ofertante esperaria daquele a quem se dirige.

É por isso que, na voz do povo ou na voz de Deus, quando a esmola é demais o santo deve ficar desconfiado de que por trás da generosidade lá vem um pedidão que lhe vai exigir esforço redobrado, quase um milagre.

Aplicado ao nosso dia a dia, o brocardo popular é-nos um alerta em todos os setores da vida.

Quando alguém lhe acena com benefícios inesperados e fáceis, a troco de alguma contribuição financeira, bem possível que se trate de um verdadeiro estelionato, do tipo "conto do bilhete premiado".

Promoções, vantagens comerciais, preços módicos e descontos enormes nos pedem prudência na aquisição de um produto, pois este pode ter origem ilícita, estar com defeito ou ser falsificado.

Não raro, certos contratos de prestação de serviço escondem obrigações ou exceções inseridas em cláusulas com letras minúsculas somente percebidas com muita atenção, e pelo descuido de não lê-las acabaremos prejudicados.

Em época de eleição, os políticos interesseiros são todo sorriso e prometem o mundo e o fundo a eleitores crentes e inocentes, que logo após o pleito darão conta da falácia e da conduta imoral dos seus candidatos eleitos.

A demonstração exagerada de amizade, marcada pela subserviência e bajulação, pode esconder o interesse de se aproveitar de benefícios proporcionados pela aproximação, hipocrisia que somente será identificada quando de uma traição.

Religiosos interesseiros e inescrupulosos garantem as glórias da terra e dos céus mediante a oferta de dízimos, em dinheiro ou coisas, aproveitando-se da ignorância ou da aflição de crentes desesperados, que, mais cedo ou mais tarde, perceberão o engodo.

Quase tudo na vida se consegue pelo esforço contínuo, pelo trabalho árduo e muita dedicação, para que a experiência consolide o conhecimento e aprimore o sentimento, para que as nossas conquistas decorram do nosso mérito e sejam valorizadas.

Excepcionalmente, heranças e loterias milionárias legalmente recebidas são permissões divinas para a experiência moral dos indivíduos, chamados a testar sua inteligência e altruísmo, empregando a fortuna em benefício da sociedade.

Jesus nos recomendou sejamos mansos como as pombas, mas prudentes como as serpentes (Mateus, 10:16), ensinando-nos a tomar cuidado com os convites dos maus, sempre ardilosos e que se valem das nossas fraquezas e ambições para atingir os seus propósitos infelizes.

> “Esmola demasiada,
> Nos pés de santos e anjos,
> Faz suspeita fundada
> De petitórios insanos.
>
> E a oferta de felicidade,
> Fácil, de mão beijada,
> Por certo oculta maldade,
> Devendo ser rejeitada.”

49

Pedra que rola não cria limo

O ARADO DE FERRO encostado em qualquer canto ao relento, sem ser utilizado para o amanho da terra, oxida, enferruja e se destrói com o passar do tempo, tornando-se imprestável como ferramenta.

A água que escapa à correnteza do rio e se acomoda na pequena poça à beira do caminho, logo não resiste ao calor e se consome ou se contamina, não mais podendo dessedentar o viajante cansado.

Da mesma forma, a pedra retida no limo não adquire o polimento e beleza decorrentes da ação natural das águas em movimento e do atrito com outros seixos em sua trajetória.

A natureza é expressão de vida atuante e tudo deve estar em plena atividade, das partículas atômicas aos sistemas planetários, contribuindo para o bem comum e para a harmonia universal.

Assim também é com as criaturas humanas, as mais evoluídas dentre as obras de Deus, convidadas e estimuladas para o progresso pela ação constante, pelo aprendizado e pelo trabalho construtivo.

Por isso, na voz do povo ou na voz de Deus, somente quando nos deixamos rolar pelas correntezas divinas é que conseguiremos nos livrar do limo pegajoso que nos agarra ao fundo e nos impede de revelar o brilho da alma.

O corpo largado no sofá da sala a ver improdutivos programas de televisão, desacostumado do trabalho ou do exercício regular, torna-se disfuncional, desleixado e atrai doenças que podem ser fatais.

A mente preguiçosa, que não lê, não estuda, não reflete e não escreve, permanece ignorante e incapaz de solucionar por si os problemas cotidianos, dando largas à preponderância do instinto.

Quem não trabalha não ganha experiência e não desenvolve habilidades capazes de enriquecer a pessoa e de promovê-la socialmente, garantindo-lhe os recursos necessários à sobrevivência.

O insociável, que se isola para evitar o contato com os semelhantes, não adquire virtudes que só são desenvolvidas nos atritos da convivência e também não desfruta das alegrias que podem proporcionar a companhia de pessoas felizes e agradáveis.

Espiritualidade se ganha quando trabalhamos no bem, no serviço de caridade em favor dos miseráveis, dos famintos, dos carentes de atenção e dos solitários, dos ignorantes, porque o amor mais se enriquece quanto mais se divide.

Portanto, o nosso bem-estar psíquico, emocional, físico e espiritual depende de nos mantermos em permanente atividade para o bem, enfrentando a correnteza da vida com perseverança e coragem.

Ajuda pensar que somos espíritos imortais aqui reencarnados para evoluir, em amor e sabedoria, de maneira que procuraremos aproveitar todo momento para o aprendizado, não importando a idade do corpo físico.

Na riqueza ou na escassez, com muitos recursos intelectuais ou limitados, com um corpo saudável ou deficiente, seja qual for a nossa condição - todas elas importantes para a aquisição de alguma virtude - seguiremos sempre adiante, trabalhando conforme as nossas possibilidades, porque permanecer estacionado é atrair o limo do sofrimento.

> “
>
> Arado num canto jogado
> Atrai ferrugem e podridão,
> O homem indolente e folgado
> Permanece na escuridão.
>
> Só quem segue aprendendo,
> Servindo e amando geral,
> Conserva a alma vivendo
> Na luz do amor universal.
>
> ”

50

Deus fecha uma porta, mas abre outra

O ESPÍRITO REENCARNA NA Terra para ser feliz, na medida em que se liberta dos hábitos infelizes e incorpora virtudes, que o tornam melhor e mais sábio, por conseguinte um colaborador da harmonia universal.

Para esse fim, vivencia e suporta inúmeras e diferenciadas experiências, a grande maioria conflituosa e difícil de superar, algumas mais suaves e que constituem refrigério para a alma.

Na fase da imaturidade espiritual, sucumbimos no enfrentamento de muitas provas e não poucos se sentem irremediavelmente derrotados e quedam inertes sem forças para se levantar e prosseguir.

No entanto, somos imortais e desenvolver os nossos potenciais divinos é inevitável, ainda que relutemos por algum ou por muito tempo, porque Deus é misericórdia e não nos relega ao abandono e ao sofrimento.

Por isso, na voz do povo ou na voz de Deus, quando uma porta se fecha para nós em definitivo, outra é aberta revelando um novo caminho a seguir, com certeza um caminho que nos conduzirá a outras experiências importantes e necessárias ao nosso crescimento e felicidade.

Na ignorância que nos é peculiar, a porta fechada à nossa frente significa queda, falência e incapacidade, gerando frustração, tristeza, revolta e medo, sentimentos que nos consomem e roubam a nossa alegria de viver.

Assim, por exemplo, quando não somos aprovados em concurso público ou não somos admitidos em algum serviço, embora os esforços, aptidões e dias e dias sem fim dedicados ao estudo.

Em outra situação, tudo parece ruir quando um casamento de longo curso se desmancha e nos sentimos desiludidos e recusamos a aproximação de outras pessoas para um relacionamento mais sério e que poderia mesmo nos contentar até os últimos dias desta vida.

Ou, então, quando trabalhamos afanosamente em negócio que imaginamos de sucesso e nossas expectativas, no entanto, são frustradas por reviravoltas do mercado ou do governo, provocando-nos a falência.

Diante disso, além da natural tristeza e das preocupações com o porvir, surgem as indagações sobre os motivos da desdita, e quase sempre tendemos a culpar o próximo ou Deus pelo que não deu certo e pelos entraves à nossa felicidade.

Porém, se aceitamos a bondade divina, devemos compreender que a porta fechada é sinal de que pode não ser conveniente prosseguir por ali e que talvez seja bom repensarmos a caminhada.

Evidentemente, não devemos abandonar a porta assim que ela se fecha, pois num primeiro momento isso pode significar apenas um teste para a nossa perseverança, coragem e determinação quanto aos objetivos perseguidos.

Mas quando insistimos e constatamos que a porta está realmente trancada, devemos deixá-la para trás e buscarmos alternativas, reprogramando metas e estratégias, sem lamentações e lágrimas, mas com bom-senso e lógica.

Como a água que desce pela encosta desvia silenciosa e suavemente dos obstáculos, tenhamos também a mesma flexibilidade e corrijamos o nosso rumo, quantas vezes forem necessárias até finalmente alcançarmos o oceano da paz interior.

“

Quando a porta se fechar,
Impedindo-te de prosseguir,
Não pare para lamentar
E nem pense em desistir.

Deus renova a esperança,
Mostrando novos caminhos,
Para quem tem confiança
E não teme os espinhos.

”